一本父母必看的
儿童行为心理学经典之作

# 我的孩子，你究竟在想什么？

魏小暖◎著

中国商业出版社

**图书在版编目（CIP）数据**

我的孩子，你究竟在想什么 / 魏小暖著．—北京：中国商业出版社，2014.7

ISBN 978-7-5044-8613-4

Ⅰ．①我…　Ⅱ．①魏…　Ⅲ．①儿童教育－家庭教育－教育心理学
Ⅳ．① G78

中国版本图书馆 CIP 数据核字（2014）第 130304 号

责任编辑：朱丽丽

中国商业出版社出版发行
010-63180647　www.c-cbook.com
（100053　北京广安门内报国寺 1 号）
新华书店总店北京发行所经销
三河市龙大印装有限公司印刷
*
710×1000 毫米　16 开　14 印张　186 千字
2014 年 8 月第 1 版　2014 年 8 月第 1 次印刷
定价：32.00 元
* * * *
（如有印装质量问题可更换）

# 前言
# Preface

当孩子还小的时候，他们或依偎在父母的怀抱里，享受着父母给予的温暖，给予的爱；或跟随在父母的周围，在父母羽翼的爱抚下快乐地玩耍。这时候孩子的心灵洁净得像一张白纸，不着一点污垢，他们除了享受关爱没有一丝忧愁，世界对他们来说无比圣洁，让他们无比放心。而这时的父母面对着孩子投来的纯洁的目光，美丽的笑靥，想的就是如何给孩子以最深的爱，父母完全沉浸在对孩子的爱的喜悦中，至于孩子在想什么，做父母的没有深入思考。

但是，随着孩子的长大，思维能力的增强，孩子自然而然地成为思想者了，这是一个人要独立走上社会的必然。此时，面对已经具有自己独立思想的孩子，要继续父母的爱，继续父母寄托在孩子身上的期望，再不了解孩子在想什么，就算不上是称职的父母了。如果说孩子处于婴幼儿时期，父母主要尽养育责任，而在思想不断成熟的学龄时期，父母主要尽教育责任的话，那么，父母不了解孩子在想什么，就无法进行有针对性的教育，甚至父母与孩子之间会因对同一事物的观点和意见不同而产生对立情绪，影响亲子关系。

如果父母了解和掌握不同阶段孩子在想什么，渴望什么，实际上也就知道了自己孩子的身心状况及其与社会发展的融合程度，也会知道，此时在孩子身上需要补充什么、摒弃什么。应该说，以上所谈论的问题并不是所有年轻父母们都十分清楚的问题，为此我们编撰本书，意在为所有热爱和关心自己孩子健康成长的父母提个醒，并提供一本极富操作性的了解和掌握孩子思想及心理的指南。

本书从孩子最基本的心理活动入手，用实例再现情景，因而具有普遍性和实用性特点，父母一读便能轻松地和自己的孩子对上号，进而全面掌握孩子每时每刻的想法，以满足孩子的真正需要，让其健康地快乐成长。

# 目 录
# Contents

## 第三章　孩子更喜欢遨游在戏耍的世界里



## 第四章　孩子不愿意父母对他们捆绑得太紧

## 第五章 蹲下来和孩子建立同理心



## 第六章 孩子想得到家人的赞美

## 第七章　孩子希望有自主权



## 第八章　孩子需要父母为他的成长提供条件



## 第九章　孩子也像大人一样需要得到尊重

## 第十章 孩子希望父母能为自己点亮一盏指路明灯

# 第一章
# 养育好孩子，首先要了解孩子

每一个父母都希望给自己的孩子最完美的关爱，可父母是否知道这爱的背后隐藏了多少个“为什么”？毋庸置疑，每个父母给孩子的爱都是发自内心的、无私的、无偿的，可父母知道自己付出的这些爱的真正价值吗？它是否是孩子所真正需要的？要知道这些，每个父母都必须要了解自己的孩子，走进孩子的内心世界，做孩子成长中最好的陪伴者。

# 了解孩子的心

人们都说世界上最纯净的地方是孩子的心灵，可父母是否知晓孩子的心里隐藏了多少个“为什么”？都说父母最爱孩子，可每个父母是否知道孩子的一举一动又代表了他们怎样的需求？

童心有“十万个为什么”的探索欲望，他们对一切充满了好奇和向往，更想通过自己的行动来探索和征服这个世界。父母只有善于了解孩子的行为，才能真正与孩子心心相通，说出孩子最贴心的话语，给予孩子最适合的关爱，成为孩子最知心的朋友，做孩子成长中最好的陪伴者。

孩子从出生那一刻起，就努力用自己力所能及的行为和这个世界进行沟通：响亮的哭声、甜甜的微笑、清澈的眼神……父母是否知道，孩子的每一个行为都包含着大学问！

曾经听很多父母说过这样的话，带孩子真是太累人了，每天晚上孩子都要莫名其妙地哭，真是没办法；有的父母说自己的孩子爱吃手，认为这个行为对培养良好的卫生习惯很不利，可是纠正起来又非常困难；也有的父母说孩子胆子太小，不让生人抱，担心会影响孩子将来的社交能力；还有的父母抱怨孩子太黏人，不愿意上幼儿园。随着孩子年龄的增长，父母的困惑也不断地增多：孩子淘气、任性、什么都要自己来、跟家长对着干、不让他做什么他偏要做什么，甚至说谎、撒泼、乱发脾气和不懂感恩……这就要求父母从孩子的每一个细小行为中，明白他们的真正需求和心理动向。要想理解孩子的行为，首先要了解他们成长中每个阶段的不同特点。

有一篇题为《美国孩子对父母的“告诫”》的文章中这样写道：

“我的手很小，无论做什么事，请不要要求我十全十美。我的脚很短，请慢些走，以便我能跟得上您。我的眼睛不像您那样见过世面，请让我自己慢慢观察一切事物，并希望您不要过多地加以限制。家务事是繁多的，而我的童年是短暂的，请花些时间给我讲一点世界上的奇闻，不要只把我当成取乐的玩具。我的感情是脆弱的，请对我的反应敏感些，不要整天责骂不休，不要严厉地批评、威吓我。您可以批评我做错的事情，但不要责备我本人。请给我一些自由，让我自己决定一些事情，允许我不成功，以便我从失败中吸取教训，总有一天，我会决定自己的生活道路。请让我和您一起娱乐，孩子需要从父母那里得到欢乐，正像父母需要从孩子那里得到欢乐一样。”

多么优美的文字，而这也正道出了孩子们的心声。当孩子来到这个陌生的世界时，父母是他们最信任的人。面对未知的一切，他们的无助感可想而知。但他们却不能用语言和父母进行沟通，把自己的困难向父母倾诉，这就需要父母能从孩子的行为中读懂他们的心声，了解他们的需求。当他们渐渐长大，面对诱惑和不解，他们更想通过自己的行动探索世界，这同样需要父母从孩子的行为中去洞察他们的心理动向。

因此，要想做一个称职的父母，不仅要在生活上对孩子进行悉心的照顾，让孩子拥有强健的体魄，学到更多的知识，更要有读懂孩子行为的能力。在对孩子具体的教养中，让孩子体会到成长的快乐，保护和开发孩子的想象力和创造力，培养孩子良好的心理品质，让孩子的身心都得到健康发展。

# 有问题，先了解真相后发表意见

在现实生活中，经常会遇到孩子与父母顶嘴的现象，这样的情形使双方都很不愉快，在父母看来："现在的孩子真不听话，明明为了他好，他还不领情，说他一句，他顶十句……"

是孩子太不听话了，还是父母的教育方法有问题呢？

佳佳快过生日了，妈妈准备为她在家中开一个派对，于是母女俩开始商量请哪些人，当妈妈确定要邀请姗姗的时候，佳佳说："我不想邀请她参加。"

"这怎么行？她是你的好朋友啊！"

"不，她不是。"

"这样讲不好，如果让姗姗知道会怎么想。你也不希望她这样讲你对吗？"

"我不管！我就是不想请她。"

"如果是这样或许你根本不该开这次派对。"

"不开就不开。"

话虽这样说，派对还是要开，生日一年一次，孩子们都很喜爱用这种方式庆祝生日，妈妈当然不愿让女儿的情感受伤害，但如何让她转弯呢？妈妈不禁为自己说出去的话烦恼起来。

这里，妈妈有些自食其果的味道。同孩子讲话也一样要负责任，不能妄下结论。否则，话说出口了，却不能兑现，会让孩子觉得父母的话是没有多少分量的，可听可不听。因此，同孩子谈话要讲究艺术，避免走入死角。要做到这一点，所需要的是认同、理解与尊重孩子的意见与认识。

比较起来，孩子说话可以更随意一些，他们可以很快地转变态度，“收回”自己刚刚讲出的话，对父母提出完全相反的要求。这样一比较，父母占了劣势，因为不能出尔反尔，去向孩子“耍赖”，因此要格外慎重，不能顺着孩子的逻辑谈下去。

反观上面的例子，我们可以看到这位妈妈犯了这样的错误：

当女儿提出不让好友参加派对时，妈妈没有意识到问题，应该问一下究竟发生了什么事情，而不是简单地说：“她是你的好朋友啊！”以此来否定佳佳的愿望和她对姗姗的反感。这样就给对话增加了阻力。当女儿很负气地说姗姗不是她的好朋友时，妈妈还有机会让女儿说一说究竟发生了什么事情。但妈妈又一次使用了成人的判断：小孩子真是很片面很极端，或许她们有一些争吵，还没有平静下来，所以才这样“绝情”。她这样想也就这样说了出来，但这种想法是否正确呢？客观地讲是很对的，孩子之间今天吵了，明天又会很快和好，还会有什么大事吗？用不着过问，几天就过去了。的确如此，但妈妈忽略了一点，对孩子来讲，和好朋友闹矛盾是非常严重的事情。她们很可能希望向妈妈抱怨一番，如果父母不能给孩子机会让她将心里的话讲出来，反而对她讲“你这样做不对”，在这种情况下，孩子不会认真听取、考虑父母的意见，而是反应十分极端。而孩子的“不讲理”又进一步引发父母的气恼，变得也像孩子一样极端起来。

如果父母领会到孩子内心的真实感受，就会采取不同的态度来对待。当女儿负气决定不邀请好朋友参加派对时，妈妈应当意识到这里一定有原因，应先了解一下，比如说：

“怎么，你们闹矛盾了？”

“是的，她总是随便拿我的书翻看，我最不喜欢别人动我的书。”

“她那样做让你很不舒服？”

“是的，我同她讲过许多次，她总是这样，我很不喜欢。”

“要不要想想别的办法来避免她动你的书呢？”

“我想将书柜锁起来，有些书放在外面，别人动也没有关系。”

“这倒是个好办法，如果是这样，还是请姗姗来吧！”

“我想没问题。”

表面看，妈妈在这里给女儿设了一个“小圈套”，诱使女儿做出了妈妈认为正确的决定。客观地说，这是教育孩子的技巧。

父母当然希望能够对孩子直言不讳，用正确的道理“沐浴”他们成长，然而同时父母也应当考虑到效果。如果父母浇灌下去的甘露对孩子来说变成了令人厌恶的苦雨，拒绝领受，又怎能保证孩子顺利汲取到所需要的精神养料呢？

生活中，父母与子女闹矛盾具有普遍性，父母觉得孩子不尊重自己，自己挣的钱紧着孩子花，给他买最好的东西，买最贵的衣服，可是没想到好心得不到好报。而此时的孩子也倍感委屈，父母只顾按自己的意愿行事，一点也不理解自己，本来自己心情不顺，需要找人倾诉，可是父母竟然一点儿也不理会自己的感受，仍然按他们的想法指挥自己，烦死了。因此，双方就很容易对立起来，结果是双方都不愉快。而事后，双方又都很后悔。可是下次遇到类似的情况，仍然会争吵不休。父母为何不换个思路，仔细找一下原因，是孩子故意顶撞自己吗？到底什么原因让孩子今天心情这么糟糕？平静下来，试着和孩子认真沟通一下，父母就会发现孩子并不是自己认为的那样不可理喻。

# 善于解读孩子的肢体语言

现实中，有些性格内向、自尊心过强的孩子在要求或表达意愿时不爱吱声或不善用语言表达，但他们的某些肢体动作已经体现出他的想法，只有读懂了他们的肢体语言，才能更好地与他们进行交流。

可可三个月大时就对一些小玩具表现出极大的兴趣。等到快一岁时，爸爸妈妈觉得可可是个男孩，应该给他一些适合男孩子玩的电动玩具，比如电动小飞机、会跑的小火车、会翻跟头的小跑车之类的，以培养孩子的阳刚之气。可是一向很喜欢玩具的可可，看到这些新玩具的时候却很害怕，虽然有时候也主动玩这些玩具，但总是要和父母一起玩，父母一离开，他就不玩了。

其实，可可的肢体语言已经很明白地告诉了父母：他想和父母一起玩这些玩具。他并不是要跟父母分享他的快乐，因为他还没大到可以想这么多。而是他对玩具为什么会发出声音，为什么会动产生了兴趣，他之所以要和父母一起玩，是想让父母示范给他看，这是孩子认识客观世界的途径。因为他还不懂得玩具的操作方法，他的动作表示希望父母来帮忙。

谈到肢体语言，我们都知道诸如鼓掌、跺脚、搓手、摊手、捶胸、发呆、发抖、咬手指头等都是肢体语言。做出这些肢体动作，虽然没说话，但意思已经表明了，善于体察肢体语言的父母，从孩子做的这些肢体动作就可以解读孩子要表达的意思。

三到五岁的孩子可能会有不同的肢体语言，比如总是对桌子上、抽屉里的东西产生兴趣，总是趁大人不在的时候偷偷地去抓桌子上的东西，翻翻抽屉，或是要求父母拿下来给他看看。比如孩子指着墙上的钟，想让父母拿过来看看，想要弄明白为什么钟会发出“滴答滴答”的声音。这时，父母要讲给孩子听，为什么钟会发出声音。当孩子还无法完全用语言与大人交流时，正是他求知欲望强烈的时候，但他只能用肢体语言表达，如果他得到正确的回应，将会对他的成长和一些重要个性的形成起决定性的作用。

细心的父母能不断读出和理解孩子的肢体语言，这无疑是对孩子内心诉求的理解，这样孩子也更乐意和父母交流。这些非言语的交流不仅使孩子更有成就感和被爱的感觉，还能促进他对外部世界的认知。

一般来说，父母应能读懂孩子做出的以下几种肢体语言：

**1．吮吸手指**

一般情况下，吮吸手指是孩童时期吮吸母乳、奶瓶的延伸。如果一个平时不吮吸手指的孩子最近却经常吮吸手指，这可能是孩子的“安慰行为”。

“安慰行为”说明人的心里不自在。成年人也有这些动作，比如有人紧张时会不停地拨头发、旋转手指上的戒指等。如果孩子有这种动作，父母要回忆一下，有没有什么事情，让孩子感觉孤独、紧张或者担心。

对此，不要强硬地去制止，而是需要父母更多的关注。最好的亲子关系当然是照顾、关爱和倾听。这样会让孩子转移注意力，增强安全感，不需要再做出安慰自己的动作。

**2．拒绝某些示爱**

这种肢体动作表现为：孩子每天上幼儿园都高高兴兴地和阿姨、园长、老师问好，但某天到幼儿园时却拒绝某位阿姨的牵手。

“你怎么了？你今天怎么那么不礼貌啊！”不要如此简单粗暴地指责孩

子，孩子的反应说明他感觉到了某种威胁或不满，也可能毫无缘由，只是突然情绪不好，也可能和对方在上次见面时发生了不愉快事件，或者老师特别偏爱某个小朋友，他感到自己受到了冷落。这时的拒绝一般是以侧身躲避来表示，就是在说“不要靠近我”。

3. **躯干伸展**

有些孩子在受到责难或惩罚时，会坐在椅子上伸展四肢，这是对抗权威的动作。这时，父母可以要求他立刻坐直，绝不允许他有更长久的表现。如果没有及时矫正，而是听之任之，孩子会对父母及其代表的权威——长辈、老师等越来越不尊重。

4. **脚部动作**

有心理学家发现，从交谈中两人脚尖的朝向、脚部动作可以判评一个人的意向。

比如，孩子上半身在书桌前写着作业，或是在餐桌前安静地吃饭，双脚却朝着门口的方向，那他多半是想赶快出去和伙伴们玩游戏了。父母可以对他说：“吃完饭就可以出去玩啦！”

孩子平静地与父母对视，显得若无其事，但是脚的动作非常活跃，这就说明了其紧张、激动或者兴奋的心理活动。也许他正在想别的事情，和当时的话题没有什么关系。父母不妨问问他：“是不是有特别好玩的事情要和爸妈分享？”

曾有心理学家发现，一场完整的交流中，肢体语言占 70%，口头语言占 30%。而对孩子来说，肢体语言所占的比例更高，因为他们口头语言的发育还不够成熟。孩子更容易接收非言语交流所传递的信息，也更擅长用肢体语言表达信息。

尽管现代社会的通信技术越来越发达，但电脑屏幕里的视频和语音却无法代替父母的拥抱和亲吻，以及皮肤和皮肤的接触、眼神和眼神的交流。如果能够仔细解读孩子的肢体语言，父母就更容易走进孩子的内心，也更容易传达父母的爱意。

另外，观察孩子的肢体语言，还要注意肢体表达特点。每个孩子的肢体表达都不相同，是通过尖叫来引起别人的注意，还是活蹦乱跳地表达呢？父母还要学会分辨。

## 能听懂孩子话语中的真正含义

父母想知道孩子在想什么的主要目的，是要解决如何“有的放矢”地教育好孩子的问题。

关于孩子的教育问题几乎让所有父母都感到不同程度的为难和困惑。孩子要啥给啥，可谓有求必应，学习上，不压也不打骂，可为什么孩子与自己就是不亲近呢？要知道，孩子眼中的世界与成年人是完全不同的，怎么能要求孩子以父母的眼光来看问题呢？要想教育好孩子，首先要了解孩子的想法，读懂孩子的语言，才能“对症下药”。

孩子向父母发出的心理信息是各式各样的，如果不能及时察觉和破解，就会造成大人对孩子的误解，而让孩子蒙受委屈。如果不能理解孩子的言语，只是用大人的思考模式对待孩子，同样也会造成教育误区。

爷爷刚从屋里出来，看见两个孙女在院子里荡秋千，姐姐被妹妹推下来，正在哭泣。

爷爷走到妹妹跟前说：“你怎么可以把姐姐推倒啊？快去给姐姐道歉！”

“我才不呢。”妹妹固执地说。

“你不道歉，爷爷以后可不喜欢你了！”爷爷吓唬她说。

“不喜欢就不喜欢！”妹妹倔强地回应。

其实，妹妹的话里已经在表达着一种信息了，那就是我推她是有原因的。正当祖孙俩各不相让时，在院子里晒衣服的妈妈走过来，向爷爷讲出妹妹不愿意道歉的原因。原来秋千先是妹妹在玩的，姐姐跑过来一下就把妹妹推了下来，自己荡上了。妹妹生了一会儿闷气，这才还手将姐姐推倒的。

爷爷没有能读懂妹妹话语中的不满情绪，因此就没能处理好姐妹之间的问题，还是妈妈使问题缓和了下来。

孩子的心中也有一把尺，会规范自己，也会去衡量父母对他的规范是否公平。孩子的自律感与规范的观念，是需要家长示范与指导的。

妹妹不听爷爷的劝告，其实并不是在顶撞爷爷，而是告诉爷爷：你不公平，事情并不是你想的那样。因为孩子在幼年时常常只会单一思考，还不懂得怎样用语言来表达他们内心的所思所想，才会做出一些不合常理的举动。身为家长，要站在孩子的角度，用孩子的想法去想孩子的行为、孩子做的事情，才会真正了解孩子，“读懂”孩子的语言，体会孩子的内心，及时做出引导。

父母要能了解孩子的话外音，要注意以下事项：

1. 听孩子说话的时候要专注、耐心，并鼓励孩子说出细节。

2. 在孩子叙述的时候不要用自己的意志去影响孩子，也不要打断孩子的话，让孩子觉得不被尊重，孩子自然就失去了倾诉的兴趣。有的时候，还没听完事情的经过就发表自己的看法，可能会造成错误的判断，从而伤了孩子的心。

3. 把孩子的感受用恰当的话语表达出来，表示自己知道真相了。当孩子叙述的情节比较曲折、情绪比较激动时，父母就要认真地听。简单的回应与重复不能安抚孩子激动的情绪，也无法解决问题，这时父母应该帮孩子分析一下，如果不能马上提出解决的办法，至少也要先安抚一下孩子的心情。让孩子知道，父母是理解他的，是站在他这边的，这将更有益于拉近父母与孩子之间的距离。

## 善于通过孩子的眼神透视其心理

通过孩子的眼神来洞悉其内心世界的变化，是父母应该掌握的一项基本功。

刚上小学的妞妞放学回家一进家门，妈妈就发现妞妞眼眶里有泪水。

“妞妞，怎么了？”妈妈一见女儿这个样子，着急地问。

爸爸看到后说：“是不是受到别人的欺负了！没本事！”接着爸爸开始责备妈妈：“都像你，软蛋！现在好了，刚上学才两周，成了受气包了！”

妈妈没有吭声，她走进了妞妞的房间，妞妞正一个人坐在床上，见妈妈进来了，用求助的眼光看着妈妈。

但这次，妈妈因为爸爸的抱怨，也开始埋怨起来：“真是别人欺负你了？怎么这么没用呢！不是告诉过你吗，不要太软弱。再说，别人欺负你，你可以告诉老师呀！你要是再这样下去，妈妈也帮不了你了！”

孩子在成长的过程中，喜欢看父母的眼色行事，父母的一个眼神，一个手势，都能够让孩子感觉到关爱或冷漠。

当孩子想要与父母说话的时候，他们会用相应的眼神来试探父母，看看父母有没有注意到自己，然后，孩子才会放心地来倾诉自己的事情。

父母想要了解孩子想什么，首先应该学会读懂孩子的眼神。尤其是年幼的孩子，由于认识能力的局限与表达能力的欠缺，眼神往往是他们表达内心世界的一种重要手段。如果父母善于解读孩子的眼神，就能更好地与孩子进行沟通。

一般来说，孩子的眼神往往流露着他内心最真实的想法。

孩子低下头，不敢正视父母的眼神，说明孩子意识到了自己的错误，正在进行自我反省。这时候父母不应该严厉地批评、斥责孩子，应该说服、鼓励他。

当孩子故意转向别的地方，不愿意父母看到自己的眼睛时，说明孩子心里正在想什么“私事”，不愿意父母知道他的想法或者秘密。这时候父母不要逼迫孩子，应该耐心开导，从侧面入手来了解孩子的想法。

当孩子目光迟疑，对眼前之物视而不见时，这是孩子有难言之隐，有不愉快之事的表现。面对这种眼神，家长应当耐心劝慰，热忱开导，让孩子说出自己的心事，并积极帮助孩子正确认识和妥善解决遇到的难题。

孩子眼神明亮，眉飞色舞，多是孩子心情愉快、称心如意的表现。这时，家长一方面要主动分享孩子的快乐，一方面要分析孩子高兴的原因，加深对孩子的了解。

当孩子眼神无光，昏昏欲睡时，这是孩子对眼前事物毫无兴趣，或者已经十分疲倦的表现。这时家长要根据实际情况，转换新的学习或游戏内容，或者改变方式，进一步激发孩子的兴趣。若孩子仍兴奋不起来，要及时安排休息。

当孩子呆看父母的脸色时，这是孩子恳求父母表态。父母应该针对孩子的疑难，鲜明地表达自己的意见，尽量满足孩子的要求。

当孩子用仇恨的眼神看着父母的时候，表明孩子对父母的行为或者处事方式非常不满，这是孩子的正常表现，尤其是青春期的孩子，经常因逆反而表现出仇恨的眼光，父母不要因此而生气，孩子只是对事不对人，只要父母以理解、宽容的态度对待孩子，孩子是会明辨是非的。

当孩子走到你的面前，期盼地望着你的时候，说明孩子急需你的帮助。这时候你要放下手头的工作，及时地问孩子："有什么事吗？"，"怎么了？"，用温和的语气引导孩子和自己讲实话。

跟孩子说话时，如果孩子的眼神是游离不定的，说明孩子对父母说的话不感兴趣，或者孩子有自己的想法。这时父母应该调整自己的说话语气，主动引导孩子说话。比如：你觉得我说得对吗？你有什么想法吗？

当孩子用微笑的眼神看着父母，目光中甚至带点无法形容的喜悦之情，这说明孩子可能有了什么进步，或者做了什么好事，希望让父母知道，并受到父母的表扬。这时的父母，应该注意观察孩子的语言和行为，寻找让孩子高兴的"神秘事物"，然后故意惊奇地表扬孩子："啊，这是你做的好事吗？""了不起啊，得的是满分啊！"尽管孩子知道父母是故作惊讶状，但是，孩子能够从父母的这些语言里获得极大的满足感，更能够从父母的语言中感受到理解和鼓励。

总之，眼神是父母与孩子进行的心灵对话，父母一定要细致观察，发现孩子眼神中所表现出来的信息，及时给孩子相应的眼神回应，实现真正的心灵沟通。

## 父母应注意孩子的着装

现在，许多孩子的心理和意识都体现在着装上，因此，父母要随时掌握自己孩子的着装变化，这样会有助于了解孩子的所思所想。

随着社会的发展，在许多孩子看来，父母的一些观念已经不能适应当代飞速发展的社会了，因此他们就会对父母的一些想法、做法产生质疑。在孩子们看来，穿什么是他们自己的权利，于是往往不再听从父母的安排。而父母一旦在穿戴上与孩子起争执，孩子往往出于逆反心理就更不会听从父母的意见了，因为在他们已经有自己的想法，他们想表明自己是独立的，不需要父母再对自己做强制性规定了。

可以说，孩子喜欢穿奇装异服标志着孩子进入了一个新的成长阶段。在这个成长阶段中所表现出来的独立化倾向，父母一定要给予重视，这就意味着父母需要改变自己的看法和立场，要注意在和孩子谈问题时候的态度和语气。因为孩子在这个阶段中表现出来的叛逆性是很强烈的，稍不注意就与父母产生矛盾。

“看见你儿子今天穿什么了吗？”妻子沙拉对丈夫迪克说，“我几乎都不认识他了，他今天穿了一身最新潮的服装——宽松、半长的裤子挂在臀部，在离脚好几英寸的地方又突然收紧，裹在腿上。最糟糕的是他左耳朵上那只新潮的耳环。”

但是，儿子却对妈妈说：“妈，这不是什么大不了的事！现在的人都这样做，我不明白你为什么这么大惊小怪。”

“从什么时候开始别人做什么你也跟着做什么的呀？儿子，你原来是个多么好的孩子呀！”可沙拉还是惊叫着。

“妈，我现在也不是坏孩子呀！我觉得你是小题大做了。”

更让沙拉惊讶的还在后面，一天儿子回家说：“嗨，妈，爸，你们觉得这个纹身的花样好吗？”他边说边把胳膊伸向沙拉——她几乎要晕过去。儿子却咧嘴大笑，拥抱着她说：“我是骗骗你的——这花纹是暂时的。”沙拉假装打了他一拳：“你又在吓唬我！”

“永久性的纹身花样我还没有决定呢！”儿子补充道。

“儿子，”他爸爸说，“待会儿吃完饭后我们要和你谈谈。”

“好吧，不过得等我有时间的时候。”儿子说。

“好的，我尊重你的选择。”迪克回答道。

从上面的实例我们不难看出来，孩子外表的标新立异并不总反映他们内心的真实所想。青春期的孩子正处于叛逆阶段，他们总想方设法显出与父母的不同，表明他们试着要独立的渴望。父母如果在他们穿戴奇装异服的时候强制要求孩子改变的话，那么就中了孩子的“圈套”，孩子就会借机向父母发起“挑战”。孩子是个独立的个体，这一点父母一定要承认。孩子们正在不断地走向成熟，每一件事情都是他们自己的选择，父母要尊重他们的选择，承认他们的独立性。

事实上，孩子穿戴奇装异服就表明孩子正在向父母传递一个信号。他们在告诉父母：有些事，我要自己做主！在这个时候，父母的态度很重要。要知道这样的孩子，如果把握不好的话很可能就会因过激走上错误的道路。父母首先要让孩子知道，父母尊重他们必要的独立，那么他们在得到父母的肯定之后，通过穿奇装异服这种争取独立的手段就没有意义了。所以，只要父母给予孩子一定的独立空间，那么让父母头疼的问题也就不是问题了。

此外，父母一定要密切关注孩子的交际，在这个阶段的孩子往往自控力不是很强。有时候会通过一些过激的行为来向父母表明自己想要独立的愿望。父母要理解孩子，可以适当地放松对孩子的管制，可以让他们有自己的空间，也可以让他们有交往的自由。但是，这并不表明父母就可以对孩子的一切都放纵，要保证孩子在交际正确的前提下，给他提供支持和尊重。

# 了解自己孩子的专长

现代心理学表明：人的智力水平大多是相近的，但是能力的发展方向却大不相同。不同的人会有不同的能力特点，有些人可能语言能力强些，有些人则计算能力强些，有些人形象思维活跃，有些人空间思维能力超常等。这就要求父母在教育孩子时，要善于发现孩子所具有的特殊能力，并及早确立孩子的发展方向，因材施教。发现孩子的专长，就等于为孩子指明了一条坦途。

诺贝尔化学奖得主奥托·瓦拉赫的成长经历极富传奇色彩。在他读中学的时候，父母为他选择的是一条文学之路，一学期后老师却说："瓦拉赫很用功，但是过于拘泥，这样的人即使有着完美的品德，也绝不可能在文学上有所成就。"后来，父母尊重他的意见，让他改学油画，成绩又是班上倒数第一，学校给予他这样的评语："你是绘画艺术方面的不可造就之才。"在大多数人认为他成才无望时，化学老师却认为他做事一丝不苟，具备做好化学实验的品格，建议他学习化学。父母接受了这一建议。从此，瓦拉赫的智慧火花被点燃，文学艺术的不可造就之才变成了化学领域公认的"前程远大的高才生"！

《进化论》的作者达尔文在小时候，所有的老师和长辈都认为他资质平平，和聪明毫不沾边。父母为他选择了医学，可是他却喜欢旅游，当他决定放弃学医时，遭到了父亲的斥责："你放着正经事不干，整天只专注于打猎、捉狗、逮耗子！"可是他却坚持自己的想法，最终成为影响人类历史的伟大人物！如果达尔文遵循父母的意见，或许世上只是多了一个名不见经传的医生而已!

由此可见，了解自己的孩子，培养他的天赋，对他的成长是多么重要!

当然，发现孩子的专长并非易事，这要求父母付出更多的耐心和智慧去引导。父母要注意的是，不要武断地去认定孩子的专长。

五岁的聪聪已经能熟练背诵九九乘法表，对此，父母喜出望外，期待他在数学方面有特殊的天分。但是当幼儿园的考试成绩出来后，他们感到很失望，聪聪只不过是平均水平。原来孩子的奶奶经常带孩子背乘法口诀表，孩子喜欢上了这种自言自语的游戏，一再重复，就记得很牢。其实聪聪并没有真正懂得九九乘法表的含义。这种记忆只是暂时的，如果一段时间不强化，孩子会很快忘记。这并不是聪聪真正的专长。

父母要做到真正地了解孩子的专长，需要做好以下观察和探索：

**1．仔细观察**

在日常生活中，多注意孩子的行为举止、喜怒哀乐，观察他做事和与别人交往的特征：虽没有耐性却有创意，虽不善言辞却很热心……把这些表现记录下来，就能归纳出孩子的性格特征和擅长做的事，从而诱导并启发他。

**2．制造机会**

要了解孩子的性格特征和所擅长的事情，需要给孩子提供展现的机会。例如家人生日聚会时，鼓励孩子出节目，参观完博物馆后，让孩子谈体会，还可找机会让孩子帮做些家务，比如：洗碗、拖地、洗衣服、收拾房间……越做越熟练，孩子的信心也会增强，尝试别的工作也会更具主动性。

**3．耐心等待**

要了解孩子的专长，就要给孩子展现的机会。有些父母缺少耐心，调动不了孩子做事，干脆自己做；嫌孩子不会买东西，就自己买；孩子做作业遇到难题，也帮孩子做。这样孩子就会坐享其成，把自己的“天资”与“勤奋”束之高阁，久而久之孩子一离开父母就变得懒散不愿做事。所以，当父母埋怨孩子没有天分时，不妨扪心自问：自己是否给了孩子表现的机会？

**4．给予鼓励**

当孩子自己做事，与大人交流时，不要肆意阻止和评判，应该给他肯定的赞美、鼓励的掌声。如果只是一味地讥讽、批评，孩子会感到自卑，自尊心受挫，他便再也不肯表现。

父母要做的不仅仅是照顾孩子的生活起居、关心孩子的心理健康，更重要的是善于发现。发现潜藏在孩子身上的特殊能力，并积极地加以诱导，让孩子少走弯路，让其尽快踏上属于自己的成长快车！在孩子完成基本的课程学习的前提下，善于捕捉孩子偶然间表现出来的潜力，支持他、鼓励他，把孩子的潜能调动起来！每一个孩子的潜在能量都像包裹在毛石里的美玉，需要发现和打磨，才能让其绽放光彩。

## 父母要了解孩子尝试独立的心理

一般地讲，孩子在整个的小学阶段已经有了自己的思想和行为准则，独立的个性日益强烈，并有试图摆脱外界束缚和压制的倾向。

孩子在这一特殊时期会下意识地发出一些心理信号，急需父母的关注和帮助。如果父母没有及时发现和破解孩子发出的心理信号，错过了这段最佳的教育时段，以后再去教育孩子就会困难很多。

因此，父母一定要把握住这一关键时期，抓住孩子发出的心理信号，对他进行正确的引导和帮助。这样一来，孩子的心理发展就能得到促进，他就能成长为一个性格好、智商高的人，他的一生都会受益无穷。

那么，孩子在这一时期会有哪些心理信号呢？

1. **情绪化**

由于这一时期的孩子正在尝试独立，想要摆脱外界的约束和压制，所以很容易与周围人发生争执，尤其是与父母发生争执。那么，父母该如何去应对呢？首先，父母要了解孩子尝试独立的心理，并给予认可。然后，不过多干涉孩子的事情，尽量让他独立解决遇到的各种问题。

当孩子与周围人发生争执时，他的情绪就会不稳定，很容易发脾气，甚至做出不理智的行为。其实，这只是孩子的一种表达方式，做父母的首先要接纳孩子的消极情绪，然后教给他合理宣泄情绪的方式。比如，当孩子情绪不稳定时，父母可以引导他有意识地转移话题，让他通过做其他事情来分散注意力，引导他向亲近的朋友倾诉等。

2. **凡事爱拖拉**

从心理学角度来讲，7 ～ 12 岁的孩子是培养和发展勤奋感的关键时期。在这一时期，孩子培养勤奋感的最主要渠道就是学习，并要提高管理学习的能力，这是因为随着孩子的学业压力逐渐加重，有的孩子出现了写作业拖拉的现象。

这时候，父母需要针对孩子的具体情况，及时找出他写作业拖拉的原因，寻找调整、改进的方法，让他学会管理自己的学习，包括按时完成作业，培养他的勤奋感。

比如，孩子写作业时，有的妈妈总会随时跑过去观察，看看他认不认真，有没有写错的地方，结果影响了孩子的专注力，他的心情也会变得烦躁，很容易出现不愿写作业的现象。这时候，父母就需要调整一下，不要过多干预孩子，给他一个安静、自主的学习环境。

3. **不合群**

在这一时期，如果孩子出现不合群的现象，父母一定要找到原因，改变这种状况。导致孩子不合群的原因有很多，其中一个重要的原因是父母的教育方式出现了问题。

比如，父母对孩子过分溺爱，孩子就会以自我为中心，不愿意服从他人，经常与他人发生争执，无法与他人友好相处；父母对孩子过分夸奖，孩子会变得高傲、任性，无法与他人平等相处，从而陷入孤立的境地。此外，如果父母对孩子的管理过分严厉，也会让孩子形成孤僻，不善于与他人相处的性格。

面对这些状况，我们需要改变教育方式，用理智去教育孩子。另外，这一时期的孩子开始渴望友谊，他的思想和行为容易受到同学的影响，父母需要关注他交朋友的类型，为他把好关，让他结交一些诚实、善良的朋友。

# 第二章 孩子，我们知道你渴望爱抚

有爱的孩子呈现真实的自己，无爱的孩子活在别人的阴影中；有爱的孩子无所畏惧，无爱的孩子总在逃避；有爱的孩子完整统一，无爱的孩子内心分裂；有爱的孩子有自信走自己的路，无爱的孩子多自卑，随波逐流。所以，父母爱孩子，孩子才有好未来。

# 孩子在心理上需要父母的爱抚

孩子在刚出生的时候，并不会表现出依恋倾向，包括对自己的父母。但是，到了6个月的时候，孩子开始关注周围的人。这一时期的孩子，会以微笑、大叫、哭泣等信号来呼唤周围的人。当孩子发出的这些信号得到周围人的回应时，他的心理需求就会相应得到满足。很多父母都有这样的经历，当孩子需要父母的时候，他就会发出特有的哭声，当父母来到他身边，他就会停止哭泣，晃动着小手，对父母微笑。

这就是孩子依恋父母的一个表现，孩子时刻都需要父母的关怀和照顾。在这个过程中，孩子还会产生最初的信任感和安全感。如果父母总能爱抚孩子，满足他的生理和心理需求，那么他就会感到周围的人是可靠的，他的内心就会是安全的。

阳阳3岁的时候，妈妈上班了，于是就把她送到了幼儿园。但是，最让妈妈头疼的是，阳阳不愿意上幼儿园，到了幼儿园，她就会抓着妈妈的手不放，又哭又闹。在妈妈和幼儿园老师的努力下，阳阳终于答应留在幼儿园，可后来的结果，让妈妈大感意外，那就是，每当妈妈下班接阳阳的时候，她却不想回家了，一接回家就哭。妈妈问她为什么不愿回家，阳阳说："回家都是我一个人玩，这里有许多小朋友陪我玩。"

妈妈这才明白，原来阳阳之所以"不愿回家"，是因为她缺少关爱。从此之后，妈妈只要有时间，都会陪在阳阳身边，给她最大的安全感。

当孩子进入一个陌生的环境时，他的内心充满了新奇和不安，他最需要向亲近的人寻求关爱。有时候，孩子动不动就哭，父母不要简单地以为这是他不听话的表现，也许这是他最直接地表达自己需要关怀的方式。

很多父母认为孩子天性爱玩，只要让他玩玩具、看动画片，他就会听话了。其实不然，孩子在 0 ～ 3 岁期间，更需要的是父母时刻在他身边陪着他。他喜欢父母陪他一起玩，喜欢父母抱着他，喜欢父母爱抚他……因为，孩子的情感是脆弱的，而父母能给他最大的抚慰，满足他内心的需求。

在孩子对父母形成依恋的关键时期，父母应该采取积极的养育方式，对孩子付出更多的关怀，建立良好的依恋关系。这不仅会影响到孩子以后的人际关系，而且还会为他身心的健康发展奠定基础。

一般情况下，孩子与父母形成良好的依恋关系后，他会表现出自信、友好、善良、宽容等良好的品质，他知道如何爱别人，如何和别人友好相处。而且，这样的孩子很有安全感，能在陌生的环境中克服恐慌和焦虑。

孩子到了 3 岁之后，便开始进入幼儿园，与父母接触的时间越来越少，他的认知范围也越来越大，这时候，他将会进入新的发展阶段，他的依恋对象和方式也开始发生变化。曾经依恋父母的孩子终将长大，这种依恋的情结会随着时间的推移而慢慢减弱。

因此，在孩子对父母形成依恋的关键时期，父母应该给他无条件的关爱，多陪在孩子身边，抓住每次和他说话的机会，多给他爱抚、拥抱、亲吻等。这样，孩子就会慢慢投入父母的怀抱，和父母建立良好的依恋关系，这会影响他的一生。

# 时常对孩子说出你的爱

关爱，充满温馨和亲情。每个父母都千方百计地给自己的孩子以关爱以便他能健康地成长，所以，在孩子的成长过程中，父母适时地向孩子表达一些“爱的宣言”，可以提高他们的信心，提高他们的社交能力。

曾经有网站做过一项调查，题目是“你会对孩子说爱吗？”调查结果显示：75%的父母会在孩子还处于婴儿懵懂期时，向孩子表达情感，而大部分的父母在孩子3岁开始上幼儿园后，就很少再直接对孩子表达爱意了；而与之相对应的，则是孩子很少甚至从来都不向父母表达感情。

有的父母说，孩子小时候跟他说“爱”很自然，可他长大了、懂事了，再要这么说会觉得很难开口。再说，父母都是爱孩子的，只要把该做的事都做好了，就不需要表达了。

我们的民族向来以含蓄著称，但是面对孩子永远都需要的关爱，我们就没必要那么含蓄了。对孩子，我们也要有一个关爱原则。我们需要用自己的爱去读懂孩子的行为，读懂他的思想，更要读懂他的内心。

说到关爱，父母可能会说：“关心孩子的冷暖温饱，关心他的学习成长，这些还不够吗？他的喜好、优缺点，我也了如指掌，这还不够关爱吗？”是啊，说起来，父母对孩子的了解不可谓不深，可有一个问题：既然父母如此关爱孩子，为什么很多孩子和父母表现的不那么亲密呢？为什么很多孩子都不愿意主动与父母合作呢?

由此可见，所谓的关爱，并不是简单的知道了解，父母必须让孩子能从心里感受到这份爱，而父母对爱的表达也要有一定的技巧。

首先，父母要善于表达自己的爱。

在遇到不同情况时，父母都要将关爱传达给孩子。比如，孩子取得了好成绩，父母可以说，“你付出了努力，你很棒，我为你骄傲”；孩子犯了错误，父母也可以说，“你的这种做法我觉得不合适，但我爱你，所以我希望你能改正错误”；孩子遭遇了挫折，父母就说，“别怕！我会一直陪着你，我希望你勇敢地坚持下去”……父母的这些爱的话语，不仅会让自己的关爱尽显无遗，更会让孩子的内心充满温暖。

其次，父母还要学会用各种方式表达爱。

说到向孩子表达爱，除了用语言，父母还有很多其他的方式。比如，用眼神给予孩子鼓励、用拥抱给予孩子温暖、用抚摸带给孩子安心……对于孩子来说，父母是和他最亲近的人，所以父母要学会综合运用各种方式让孩子感受爱。而且，在表达的过程中，父母一定要真心表达，不能敷衍孩子。如果是年龄小的孩子，父母还要蹲下身子与他平视，这也是对他的一种尊重。

第三，即使相隔有距离，也不要忘记爱的表达。

有的父母由于种种原因不得不和孩子有短暂的分离，在这种情况下表达爱可能对这些父母来说就有些难了。毕竟隔的很远，很多贴心的动作、话语可能都无法当面传达。不过，有效的表达也不是不可能的。

牛牛的妈妈由于工作原因经常出差，可是牛牛并没有因为妈妈不在身边而感到孤独。原来，妈妈经常和他通电话，母子二人会在电话中互相通报各自的情况，妈妈每次都会在电话里温情地说：“宝贝，真对不起，妈妈实在太忙了，现在可想你啦！”而牛牛每次听到这样的话，心里就一阵阵地感到温暖，但他总是很男子汉地说：“妈妈没关系！等您回来不就看见我了？”

后来，牛牛和妈妈都学会了网上聊天、视频聊天，母子二人的心贴得更近了。牛牛有事时也愿意和妈妈说说，哪怕是犯了错误，他都会主动向妈妈承认。妈妈也会给牛牛讲道理，传授解决问题的方法。母子俩的亲热关系，让牛牛的爸爸看了都很羡慕。

距离并不能成为表达爱的障碍，相反父母应该让距离成为凝聚爱的媒介。牛牛的妈妈给父母做了个好榜样。如果父母和孩子相隔甚远，一定要让孩子知道父母对他的思念，打电话、写信都是很好的传递情感的方式。现在科技飞速发展，网络视频聊天也已经很普及了，亲子方式更多了。父母该超越距离，将爱直接传递到孩子的内心深处。

最后，每位父母都要将爱的原则牢记心间。

所谓爱的原则，就是要求父母对孩子一定要“关爱有度”，不能爱得没有边际。要注意区分关爱和溺爱的不同，对孩子的关爱是要满足他的心理需求，但父母的爱也要适可而止——不能凡事都包办代替，不能所有的困难都替孩子扛，不能替孩子解决他前进道路上遇到的所有困难，更不能对孩子百依百顺、任其为所欲为……父母要掌握爱的原则，孩子只有在父母正确、健康的关爱之下，才会健康成长。

# 父母要善于解读自己的孩子

生活中，孩子想什么，要求什么，他们希望做父母的能够知道，但因为孩子羞于或恐于和父母沟通，所以，他们的意愿不能明确地表达出来，作为合格的父母对此应该有所认知，要善于正确解读孩子的行为，避免和孩子的交流出现盲点。

许多父母有这样一个教育习惯：对于孩子主要是强制教育而不是疏导教育，不主动了解孩子的诉求。这是对孩子教育极不负责任的做法，孩子对这样的教育方式也很难接受。因此，要有效地对孩子进行教育，首先就要善于解读孩子的行为。父母要明白的是：孩子的行为，很多都是对未知的一种探索，有些事情的做法孩子甚至比大人更有技巧。父母通过解读孩子的行为，明白孩子行为的本来目的，就能找出适合孩子的教育方法，不至于出现因误解而阻碍了孩子的成长。

解读了孩子的行为，教育孩子时便会“有的放矢”，教育也才更容易出效果。

对孩子行为的解读，父母要明白两点：一是孩子的行为合乎常理；二是孩子的行为越特殊，他的想法就越多，这也不一定就是坏事。

首先，孩子的行为合乎常理。孩子和大人不一样，无论从哪一方面看孩子都是稚嫩的。孩子从稚嫩走向成熟是在自己的行动中摸索、学习的一个过程，他的一切行动都是在促进自身的发展。说一个最简单的例子：一个几岁的孩子，可能在一段时间对昆虫或衣服上的细小图案产生兴趣，还不时地去捉虫子或抠衣服上的图案，他或许会因此被虫子咬了小手或弄破衣服，但孩子的这种行为是天性使然合乎常理。还有，孩子在某个阶段喜欢钻进一些狭小的空间里玩耍，或者喜欢爬上爬下，不管地方有多危险，都照玩不误。这种做法也是孩子的天性，因为这时可能是孩子到了空间敏感期，孩子那样做，是为了感受空间的变化，而这种感受对孩子的大脑发育、智商的提高有着极大的益处。还有，孩子活泼好动，是为了使其肢体动作正确、熟练，更能养成良好的动作习惯，有助于智力的发展……因此，孩子很少有毫无意义的行为，他的一切举止都是为了自己更好地成长。父母因此要给孩子充分展示自己行为举止的机会，不要过于限制孩子举止的范围，这样，天才的嫩芽就会在父母的手上萌发。

总之，孩子的很多行为都有一定的道理，有的行为是孩子的天性，是孩子成长的必然；有的行为是孩子在天性的基础上加上自己的创新，这是最难得的，它更能促进孩子成为一个人才。

其次，父母要能认识到孩子行为的目的所在。认识到孩子行为的目的，主要是为了给孩子的发展提供支持，因此，知道孩子行为的目的是教育孩子的基础。还有一个更重要的问题需要父母去掌握，即：孩子的举止越出格、越会遭致父母的反对，其实孩子的行为越特殊，其天才潜质往往越强，父母的反对，就很可能是在扼杀一个天才。

所以说，当今的父母要想让自己的孩子成为一个优秀的人才，就要善于解读孩子的行为。不要因孩子怪异的行为而恼火，也不要为孩子出格的行为而心存焦虑。父母第一要做的就是先找出孩子行为的目的，哪怕这其中隐含很多坏的成分，父母也不要失望。因为了解孩子或解读自己的孩子，其中就包含有发现孩子的长处和不足的内容，特别是发现孩子的不足更利于纠正不足，使孩子成长为一个优秀的人才。

# 孩子渴望父母更多地陪在身边

每看到一群小鸡围在老母鸡身边出游的场景，相信多数人都为它们感到幸福和快乐，其实小孩也像小鸡一样愿意伴随在父母身边。但现在对正为生活和事业奔忙的父母来说，能经常待在孩子身边，陪他们玩耍似乎是一件奢侈的事。为工作为生计忙得团团转，哪顾得上孩子？于是，隔代抚养、保姆、托管，各种代养方式应运而生。据调查，目前我国平均约30%的独生子女是由其祖辈抚养。孩子年龄愈小，与祖父母生活在一起的比率愈高。

虽然，祖辈们对孙辈们不乏爱心，但毕竟是隔代，缺少父母的爱，会让孩子的身心发展产生扭曲，另一方面由于祖父母的某些育儿观念相对陈旧，科学性比较欠缺，单凭个别的、表面的经验出发，抚育上对孩子过于纵容，会导致孩子养成许多不良的生活习惯，影响孩子的身心发育。而现代父母们一般有较高的文化水平，更了解现代的教育方法。例如，对于小孩要自己倒水喝这件事：

奶奶可能会说："好宝贝，杯子放得那么高，你拿不到。来，奶奶帮你倒上水。现在还太烫，我来吹一下再喝。你的手别碰到杯子，奶奶喂你。"这样导致的结果是，孩子依赖性强，处处都不想自己动手，不想自己解决问题，且自私，不会关心别人。

而妈妈就不会这样了，她们会说："杯子放在柜子里，自己去取吧！

嗯，开水倒在杯里过一会儿再喝。真聪明，来，妈妈也口渴了，再给妈妈倒一杯水来。”这样的结果是，孩子在妈妈的训练下，自己不但学会取杯子喝水，还能为妈妈倒水喝。这就培养了孩子独立解决问题的能力，生活小事上自己做决定，还能为他人着想，避免以自我为中心。

现在，社会老龄化问题日益凸显，隔代抚养出现的问题也越来越普遍。所以有关心理专家和育儿专家认为，父母对孩子身心成长的意义比他们想象的重要得多。如果父母能更多地参与孩子的教育，将更有利于孩子的成长。作为父母，不要只忙着工作与赚钱，多挤出一点时间陪陪孩子，亲自带孩子去公园或其他地方走走。试想，这个世界上有什么东西比温柔的母爱更能滋润孩子，更能让孩子健康地成长呢?

## 父母要充当孩子的“保护伞”

现代心理学研究成果表明：每个人都渴望一种归属感，每个人都不愿意孤独，更害怕寂寞。人人都希望自己能够归属于一个或者多个群体——家庭、工作单位、某个协会、某团体组织……人们会从这些群体中减少甚至消除那种孤独与寂寞，感受到温暖，获得爱与帮助。

对于 13 岁前的孩子来说，他们的这种归属感会更加强烈，他们渴望能从家庭中获得温暖、关爱、帮助，他们更希望父母能够成为他的“保护伞”。

新学期开始，思远要上5年级了。但妈妈丝毫没有感觉到儿子应有的成熟，相反，儿子的很多表现都让她很忧虑，比如放学回家不写作业、考试打小抄、爱说谎、总顶嘴，眼瞅着新学期开始了，可他的暑假作业才刚做完一半。

着急的时候，妈妈对儿子不停地唠叨、训斥；火气再大点，她就会直接对思远进行体罚。以前，思远还哭，可现在，他不但不再哭了，甚至还敢反抗。妈妈很伤心，自己为思远操碎了心，可儿子怎么就不长志气、不听话呢？

有位儿童心理专家曾经说过："成人的心理核心是安全感，而儿童的心理核心则是归属感。"孩子听谁的话，那么他的归属感就在哪里。很明显，体罚孩子就会让他认为他的归属感并不在妈妈这里，于是他的归属感就转移或者缺失了。没有了这种最基本的心理需求，孩子自然会显得不听话，妈妈自然也就会觉得自己"劳而无功"。

而且，现今快节奏的社会生活使得人们没有一点空余时间，这就使得父母和孩子在一起的时间明显减少，父母与孩子间缺乏交流，孩子就会越来越没有归属感。

如果孩子缺乏归属感，那么他的思想就会无处寄托，同时也会变得不负责任。有心理学家认为，"假如一个人找不到归属感，不管他是成年人还是孩子，那么他可能永远都无法安静下来，会一直制造矛盾，既伤害别人，同时也伤害自己"。由此可见，归属感对于一个孩子来说是多么重要！

父母要主动给予孩子提供"保护伞"这样的归属感。为此，父母要给孩子一个温暖、关爱的环境。

归属感是一种心理依赖，往往都会和"温暖"、"幸福"这样的感觉相联系。孩子的归属感，也来自于这些感觉。因此，父母要努力为孩子创造一个温暖、幸福的家庭环境。

首先，家长之间就要和睦相处、保持良好的情感关系。遇到问题，如果是夫妻间的问题，要通过沟通和平解决；假如是家庭中的其他问题，可以邀请孩子一起讨论，全家人共同为解决问题出谋献策；要是遇到了关于孩子的问题，父母要允许孩子说出自己的想法……在平常生活中，父母要注意自己的言行，并要注意培养孩子的好品德。

当孩子感受到家庭的温暖与关爱之后，他的归属感也会慢慢地形成，并逐渐稳固下来。

此外，让孩子有“归属感”，还要注意父母与孩子之间的互动，比如：在家鼓励孩子为家庭作贡献。如果妈妈洗碗时，孩子跑过去说：“妈妈，我帮您洗吧。”妈妈不应拒绝，而应该马上同意。可能这时孩子还没有什么洗碗的经验，也可能会摔碎碗，但妈妈千万不要责备而是要鼓励他总结经验大胆地尝试。让孩子帮父母做一些力所能及的事情，并及时提出表扬。这样孩子就会感觉到：这个家是需要我的，妈妈是需要我的。这将会使孩子的归属感得到满足。

最后，要多陪孩子聊天。缺乏沟通可能是孩子感受不到归属感的最直接原因。父母应该让孩子对自己敞开心扉，多和孩子聊聊，听听孩子的心事。同时，父母也可以将家庭生活的一些情况告诉给孩子，让他了解生活的不易；还可以将自己的一些事情告诉他，让彼此有一个了解。通过这种相互交流，父母要使孩子感觉到，家是他的避风港，是他可以放松下来、舒缓心情的地方，父母是他的保护伞。

# 父母应该时常与孩子进行情感交流

应该说，没有哪一个父母不爱自己的孩子，但也可以肯定地说，不是所有的父母都能做到让孩子时刻感受到父母的爱。

尽管多数父母都会压抑自己的欲望而满足孩子的需求，毫不吝啬地给予他们最好的东西，但孩子们仍然认为他们没有从父母那儿得到他们最想要的东西。那么，孩子所谓的最想要的东西是什么呢？

美国儿童教育专家曾做过这样一项调查：调查对象是150名儿童，年龄在4～11岁之间，他们的家庭背景各不相同；能够较好适应环境，没有心理问题，生活习惯正常，他们爱自己的父母，知道父母也爱他们。这些孩子被公认是懂事的孩子。可是，令专家们惊讶的是：在谈到怎样看待自己和父母的关系时，这些孩子在谈话中竟然流露出了愤怒情绪。而且，孩子们一个接一个地谈到他们自己的一些暴力行为："把东西弄坏"、"把厨房的器具砸碎"等。

一个只有5岁的孩子甚至这样说："我生气的时候，就在屋子里拼命尖叫。"

这些孩子都不是所谓的"问题少年"，但是他们为什么会有这样的表现呢？

虽然人们很容易从外部影响上寻找原因，比如说媒体中渲染的暴力，大众文化中的暴力成分等。但主要的原因还是在家里，还是在他们父母的身上。

比如：大多数的父母都强调他们的工作很忙，很少有空闲时间来陪孩子。但是，孩子还是都希望父母和他们待在一起的时间多一些。他们不是要父母只是呆坐在那儿，而是要父母和他们一块玩耍，给予他们全部的关注。

有一个4岁左右的女孩对妈妈说："我要妈妈和我一块玩娃娃，但是她打电话打个不停。"而另一个10岁左右的男孩则抱怨说："我的爸爸总是忙，也不知忙什么，就是不来和我玩。"

几乎所有的孩子都抱怨父母要做的事情太多，对他们关注的不够。因此我们建议，父母要尽量挤出时间，认真地和孩子全身心玩上一段时间。

研究发现，孩子渴望父母的关心是一个很普遍的问题。很多孩子之所以愤怒与焦虑，最主要的原因就是父母没有很好地关心孩子。

现代社会的快节奏使得很多父母都忙于生活，而孩子们需要真切地感受父母对他们的保护与爱护，而不是简单地给他们吃饱、穿好。

研究发现，睡觉前是孩子最脆弱的一刻，很多孩子反复地提到要父母来看看他们是否睡熟就是一个很好的证据。

在调查中，很多孩子都有这样的希望，"让妈妈陪我一起睡"、"父亲在我身边"。一个上幼儿园的女孩说："我喜欢我睡觉的时候父母拍着我。"这话说出了很多孩子的心声。

这些不同年龄的孩子都说："当妈妈从工作的地方打电话来时，我感到很高兴。"

这些表示爱心的行为让孩子感到父母的存在，传达了这样一个信息：父母不在身边不等于他们不想着你。孩子们喜欢固定的家庭活动，而这些活动不是要父母带着他们逛街买东西，而是和自己在一起看电视、讲故事、做游戏或是一起出去散步。

美国著名的心理学和行为学方面的专家格林斯潘出版的《智力发展》

一书，充分论述了父母的感情交流对儿童智力发展的影响。他之所以强调父母要经常和子女沟通，这是因为卡片、形状、拼图这些没有感情色彩的教育方式不是没有情感教育的作用，但这种方法远不如语言交流和一起玩耍更为有效。

现在，亲子交流的重要性逐渐被许多父母认识到，他们也在努力做好，可是他们发现自己与子女关系的改善并不明显。孩子到底要怎样才满意？

其实，孩子并不需要父母敷衍的陪伴，他们不能容忍父母陪他的时候手里还打着电话。他们需要父母用切实的行动来体现对他们的保护与爱护。

## 真爱就是给孩子自由

父母对孩子的爱是真挚无私的。为了让孩子每天的生活都很快乐，父母甘当他们的铺路石。为了让孩子不遭受日晒雨淋，父母会像老鹰一样紧紧地把他们护在自己的羽翼下面。但在给孩子以爱的同时，父母还要认识到，对孩子的爱也是有界限的，并不是所有对孩子的关照都是爱，只有那些能让孩子身心健康成长的爱才是真爱，否则，表面上看是爱而实际上对孩子是损害。

一个参加夏令营的二年级小女孩拿着一个煮熟的鸡蛋却不吃，一位工作人员走过去问她：“你不爱吃鸡蛋吗？”

“爱吃。”女孩小声说。

“那你为什么不吃呢？”

“我不知怎么吃鸡蛋。”女孩面带难色。

“那你在家怎么吃？”

“我家的鸡蛋是白的、软软的，这个鸡蛋却不一样，不知能不能吃。”

仔细一问，这位工作人员才弄明白。原来，她在家从来没看到过煮鸡蛋、剥鸡蛋的过程，都是大人剥好了，放到她面前，难怪她不会吃。

工作人员又问小女孩旁边几个小同学：“你们知道鸡蛋是从哪儿来的吗？”

“知道，妈妈买的！”孩子们异口同声。

……

这就是父母过度保护下的孩子！可以想象他们的生存能力是如何的弱小！有的父母会振振有词，孩子长大后自然就学会自己照顾自己了。试想：没有机会练习飞翔的小鹰未来能搏击长空吗？

在大学校长国际论坛上，一位中国的校长讲了这样一件事。一位刚入学的大学生，妈妈在家把他所有的衣服都编上号，哪天穿哪件，写得很清楚。一天，天气骤然变冷，这个学生依然按照妈妈的编号穿衣服，只穿了件薄衣服，结果被冻感冒了。于是，他打电话给妈妈说：“穿你指定穿的衣服，我都冻感冒了！”妈妈抱歉地说：“实在对不起，我不知道今天天气会变冷。”

这事听起来感觉很可笑，可是它却真的发生了。这位智力很高的大学生就像一只木偶，连最基本的生活常识都没有，连自己的生活都照顾不好，以后会做事吗？造成这种结局，责任在谁呢？

因此，父母对孩子的关心要适度，太多会让他们退化。

有一所小学举行“奔向新世纪”长跑比赛，在路边围观的家长比学生还多。他们不时冲自己的孩子大喊大叫："别跑快了，别累着，慢慢走！"但从小学生队伍中也时常传出这样的回答："谁让你看，快回去！"，"烦不烦！都被人家笑死了！"

虽然父母的动机是好的，但是这种爱的方式明显不妥，这种方式导致了许多低能儿的出现。要知道，溺爱不是热爱，还是给孩子一些"单飞"的机会吧。

几年前，在南京大学出了一位"新闻人物"。一个叫王奇的新生，独自从宁夏银川市骑单车几千公里到学校报到，受到在校学生的夹道欢迎。王奇的父亲从小带儿子骑车旅行，这次王奇考上了南京大学，提出自己一个人骑车去报到，父亲开始有些不放心，但在王奇固执的坚持下，终于答应放儿子"单飞"。

王奇凭着一辆"单车"竟然跨越了几千公里，通过这件事，我们能看到什么？超强的生存能力、坚持不懈的毅力、应对沿途各种事件的智慧、独闯世界的勇气……王奇这个孩子真是不简单，相信他步入社会以后，一定会有很强的竞争能力。

各位父母，请松开孩子身上的过多束缚，让他们放开手脚自己去摸索。因为他们的未来需要自己去打拼，任何人都不能代替他们。

# 对待孩子别太严肃

许多父母因受上辈人的影响在孩子面前也多表现出长辈的姿态，过于严肃，这让孩子很不自在。儿童教育专家指出：父母的态度不仅影响孩子对生活的看法，还会影响孩子的智力和能力的发展，以及孩子的品行和道德的养成。每个人都希望别人用温柔的口吻和自己说话，孩子也是如此，但是许多父母对孩子十分严肃，甚至有些苛刻。孩子在成长的过程中避免不了会出现这样或者那样的错误，在出现错误的时候，父母也应当注意自己的态度，不要太过苛刻，要多施以爱的关怀。

父母对孩子持冷漠、粗暴或过于严苛的态度，会影响孩子的行为向不良或不健康的方面发展。只有在父母温和的态度下，孩子在社会能力方面才能建立起较好的自我评价和自我意向，建立起自信心，从而很好地发展自主能力和其他社会能力，为一生的发展奠定良好的基础。

所以，父母要用温和的态度对待孩子，不要太过严肃。

白女士的孩子今年上初二，在小学时是非常聪明乖巧的，学习成绩也一直排在中上等，白女士从来没怎么费过心，别人都夸她的孩子聪明懂事。白女士对此也很欣慰。可是孩子上初中以后，学习成绩一路下滑，逆反心理也特别强。

有一次，英语考试居然没有及格，对此，白女士请老师每周补课，钱没少花，但是成绩还是提不上来。而且，儿子还老是跟自己对着干，她说往东，他偏要往西。母子俩说不上两句就吵。白女士和丈夫也总因为孩子的教育而拌嘴。那段时间，白女士也十分苦闷，不知道该怎么办，对孩子说话也是十分苛刻，整天也没个笑脸。

有一次，白女士当着孩子的面说：“人家怎么养那么好的孩子，每次考试都那么好，我怎么养了这么个孩子？”孩子立即反唇相讥：“我怎么有个这么笨的妈妈，人家妈妈都是当厂长的，可我妈只是个打工的！”白女士听了，顿时哑口无言。

后来，白女士仔细反思，孩子的问题到底出在什么地方了呢？她感觉是自己对孩子的态度出了问题，对孩子态度越差，孩子的成绩就下降越快。她决定改正自己的态度，对孩子不过于严肃，保持温和的态度。

从此之后，无论孩子怎么做，她总是以温和的态度对他。

两个月过去了，奇迹出现了，孩子和白女士都有很大变化。孩子不再和她作对了，有什么事情还会主动请教她，也知道关心人了，不再乱发脾气了。星期天，白女士去值班时，儿子还会嘱咐妈妈说：“妈妈你放心去吧，我在家会管好自己的，路上要小心。”另外，孩子写作业也比以前快多了，也知道努力了。

虽然还有些科目不是很好，但是从他的眼神中，白女士能看出他在努力，劲头十足。

从这个例子可以看出，父母对待孩子的态度，不但会影响孩子的智力和学习，还会影响孩子的人格发展。不要一味地对孩子板起面孔，总是很严肃。这样的态度，不会对孩子产生有利的影响，反而会加深父母和孩子之间的隔阂。尤其是处在叛逆期的孩子，父母的严肃态度会将孩子越推越远，对解决问题无益。

所以父母在教育孩子时，首先要审视自己，不要对孩子过于严肃。

做父母的要调整好自己的心态，以平常心看待孩子，不要用大人的要求来规范孩子的行为。孩子有自己的成长规律，父母不能急于求成。

当孩子犯了错误时，父母要控制自己的情绪，不要只在生气时教育孩子；平时也要对孩子表达善意，不要老是板着一张脸，让孩子难以与自己接近；若孩子也正处于生气的状态时，也不适宜对他进行教育。

当孩子犯了错误时，父母应该等自己和孩子都平静之后，再用温和的态度进行教育，这样才能防止教育走入误区，更加客观地帮助孩子处理所遇到的问题。

## 每个孩子都需要父母无条件的爱

父母对孩子的爱是天性，也是责任，天性具有自然属性，责任则具有社会属性，父母对孩子的爱要兼顾两者的关系。

童年是孩子成长最关键的时期，这时父母的爱和付出应该是无条件的。在孩子微笑时，父母要给予他们爱，在孩子啼哭时也要给予他们爱；在孩子听话时要爱，在孩子烦人不听话时更要给予他们爱。

真正的爱不是体现在孩子乖的时候父母如何给予，更多体现在孩子不乖的时候父母如何引导。如果父母在孩子听话时就爱他，在孩子不听话时就讨厌他，那这样的爱就不是完整意义上的爱，而是残缺的爱。一个孩子只有在父母完全接受他、理解他的前提下，才能完全体验自己的情感。相反，当孩子发脾气时，父母就打骂；当孩子淘气时，父母就呵斥；当孩子孤独无助时，父母则视而不见。这样孩子在每一次体验这些情感时，都会面临一个风险，这个风险就是他们随时可能失去父母的爱，招来父母的指责和冷脸。为了避免这些风险，孩子就会压抑自己的情感，结果这些情感便被关进了孩子的潜意识。所以，父母之爱最大的作用就是能给予孩子安全感，让他们无拘无束地释放自己的情感，做最真实的自己。

孩子只有在任何时候、任何地点都感受到关怀、重视和尊重，他们才能从心底滋生出稳定的安全感；有了这种安全感，他们才能去感受自己，并培养出表达情感的能力；孩子有了自己完整的情感体验，就能自主地做出选择和决定。

人生的内容包含一个接一个的选择和决定，人与人之间的生活内容不同，自己的选择决定了自己是自己，而别人的选择决定了别人是别人。同样，昨天的选择和决定，就是今天的生活，而今天的选择和决定，又将组成明天的生活。自由的选择和决定使人踏上了实现自我价值的道路。

自我是自己选择的结果，也是自己坚持的结果，不同的选择，决定了人生发展方向的不同。

因此，如果童年沐浴在充满尊重、容忍和无条件的爱中，孩子就能通过一个个自由的选择和决定，慢慢从父母的怀抱中走出来，脱离与父母共生的情感，形成完整的自我界限，成长为一个独立自主的个体。相反，如果不是在这样的环境中成长，孩子就无法形成自己完整的自我界限，他们没有自己独立完整的人格，即使长大成人，也仍生活在父母的阴影之下，他们的心灵，仍然会笼罩在孩提时代所受的父母的情感影响之下，从而会出现各种各样的心理问题。

# 绝不能让孩子有孤独感

在所有的父母心中，孩子都是自己的心头肉，所以父母加之孩子身上的一切言行都充满着爱和关怀。雷霆雨露皆是恩泽；打是爱，骂是爱，溺爱也是爱。但殊不知，爱是一种滋养，远比抚养困难得多。抚养只需要供吃供穿，滋养还需要付出爱。真正的爱不是单纯的给予，有时还要有适当的拒绝；真爱不是一味地宠惯，有时还要适当地批评；真爱不是让孩子逃避痛苦，而是让孩子勇敢地去面对苦难。总之，一句话：真爱的最终目的，就是要让孩子形成完整健康的人格，让他们的心智走向成熟，让他们能够独立地走好漫漫人生路。如果父母不明白爱的本质，爱就会成为一条绳索，捆住孩子的心灵，阻碍他们心智的成熟。

有一位已过不惑之年的女性，一提起自己的父母就摇头。父母从小就不允许她有自己的想法，总是把他们的想法强加在她的身上。她喜欢穿花衣裳，母亲却说："不许穿，多扎眼，穿素气点的！"她想去游泳，父亲就说："不能去，游泳池里的水多脏啊！"

小时候，虽然父母没让她缺吃少穿，但却一直没把她当成独立的个体，从来没有尊重她的感受和意愿。虽然表面上看来，她按照父母的要求，成了一个听话的女儿，但她的内心却极度苦闷，因为她一直都在为父母而活着，从来就没有遵从过自己内心的真实想法。由于内心长期的压抑，后来她患上了神经官能症。

对于这位女性，父母的要求就像一个囚室，禁锢了她的心灵。毫无疑问，她的心灵要解脱，就必须摆脱父母的束缚。幸好她遇上了一位心理医生，并与他结了婚。在丈夫的帮助下，她慢慢走出了过去的阴影。

现在，已经40多岁的她经常会去看望自己的父母，但只是尽责任和义务，却没有了爱的冲动。

父母只有懂得了爱，行为才会体现爱；如果父母不明白爱的本质，行为就会成为一种害。所以，父母要时刻反省自己，看一看自己的言行是否促进了孩子的心灵成长和心智成熟。有些父母虽然嘴上说爱孩子，但他们在潜意识中却并不希望孩子长大，他们会不知不觉地用亲情把孩子拴住。

无疑，成长过程也会伴随着风险，比如吃饭有可能被噎住，走在大街上有可能被从天而降的物品给砸伤。所以，父母爱孩子，不是要教孩子因噎废食，而是要教会孩子如何去吃。如果父母害怕让孩子面对成长的风险，一心把孩子装进没有任何威胁的真空罩里，这样的孩子虽然避免了外在的危险，但内心的危险却会急剧上升，他们心灵的成长会因此而停滞不前，心智成熟的旅程也会就此戛然而止。所以，不承担成长风险的孩子，注定会面临更大的风险。

与之相反，真正懂得爱的父母愿意承担孩子成长的风险，他们允许孩子犯错，因为他们知道，人只有在犯错误的过程中才能学会避免犯错。在心智成熟的道路上，人们最大的敌人不是错误，而是懒惰和恐惧。错误能给人教训，有助于心灵的成长，而懒惰和恐惧则使人原地不动、一事无成，最终成为废材。

# 第三章

# 孩子更喜欢遨游在戏耍的世界里

孩子和大人不同，玩就是学习、工作，也可以说是他们的生活。孩童时期，孩子正是通过玩，而使身体的各种机能发达起来；通过玩，来学习知识，增加社会意识，丰富思想感情，俗话说：只会学习不会玩耍，聪明的孩子也变傻。对此，父母不能不给以关注。

# 让孩子学会玩

父母知道自己的孩子每天想的最多的是什么吗？如果不知道，那么父母对孩子做的一些事，就可能是无任何意义的。其实，孩子最想做的就是玩。

玩耍是孩子的天性，对于孩子的成长，它就像维生素一样必不可少。前苏联教育家马卡连柯曾说过："游戏在儿童生活中具有极重要的意义，具有与成人活动、工作和劳动同样重要的意义。"一个聪明伶俐的孩子，一定也是一个喜欢玩耍的孩子。一个孩子的聪明程度，往往与他的玩有着密切的关系，可以说玩是孩子生活的主要内容，孩子最先是在玩耍中认识客观世界、获得身心各方面发展的。许多著名的人小时候都是很好的玩家，他们的身心能得到很好的锻炼，所以才能成为日后的精英人物。

因此，父母与其把心思放在阻止孩子贪玩上，还不如花心思让孩子玩得快乐，让孩子在玩耍中成长，天才往往就是这样培养成的。

居里夫人有两个女儿：大女儿伊雷娜，二女儿艾芙。居里夫人在对她们严格要求的同时，更注意如何让孩子学会去玩。在自家的花园里，居里夫人为孩子设置了吊杆、滑绳、吊环和秋千，她把花园变成孩子们的乐园。每天功课一完，居里夫人就让两个孩子到外面尽情地玩耍。有时候，无论居里夫人工作得如何疲倦，她都要抽出时间陪女儿骑自行车出游。居里夫人用让孩子学会玩的办法，成功地发掘了两个女儿的天赋，最终使她们都成为杰出人物：大女儿伊雷娜在 1939 年荣获诺贝尔化学奖，小女儿艾芙则成了一位杰出的音乐教育家和传记作家。

父母要想让自己的孩子变成天才，就要教会他们如何去玩。让孩子学会去玩，在玩中达到提高智商的目的。在孩子玩耍中，父母要成为一个指导者，但这种指导不是干预，而是让孩子玩得更开心、更安全、更有创意。父母的这种指导作用体现为做孩子“玩”的支持者、帮助者、保护者和游戏伙伴。

为此，父母要让孩子放开手脚去玩，给孩子一个良好的环境，激发孩子玩耍的兴趣。父母不要因为孩子在玩耍中犯一些小错误，而限制、干预孩子的玩耍。如果这样，就会淡化游戏给孩子带来的自由和愉快。另外，教孩子玩时，要注意培养他们的自主意识，让孩子独立地玩。在西方国家的教育中，就较重视培养孩子的独立性，玩也是这样。他们会把初生的婴儿放在一间独立的房间里，让孩子自己睡，因此，一岁多的孩子大都能自己玩。父母不要怕孩子在玩中摔疼摔伤，总陪在孩子身边，时间一长，孩子反而养成了依赖成人的习惯；在游戏中孩子不会自己思考问题，也就影响到孩子智力的健全发展。让孩子成为玩耍的主导者，这样才能让孩子享受到玩给他带来的乐趣。

游戏是孩子玩的主要方式，孩子能在游戏中锻炼自己，但这种锻炼效果的好坏，往往取决于孩子游戏的质量。父母应该注意对孩子的游戏做出适当的引导，使孩子玩得更健康、更有益。家长应多关心、了解孩子的游戏，及时发现问题，并解决问题，从正面引导孩子去游戏，这样孩子才可以在游戏中受益。

另外，现在电视、电子游戏、电动玩具和互联网这些现代的东西，使孩子渐渐失去了与大自然亲近和相处的机会，所以父母要多带孩子到户外去活动，让孩子在自然界中进行“绿色”游戏。在户外，孩子可以无拘无束地玩，小伙伴们尽情嬉戏。因此，倡导“绿色”游戏，就是多让孩子接触水、土、动植物等自然物质，扩大孩子的视野，陶冶孩子的情操，丰富孩子的眼界和内心世界。

要让孩子变成一个人才，诱导孩子发挥其潜在的能力是一种重要的教育方式，诱导最好的方式就是让孩子学会玩耍。有关专家研究发现，孩子在玩耍中，需要观察力、记忆力、创造力、注意力、思维力和想象力等多种智力要素的参与，从而能提高智商。古人云，“顺天木以致其性”，父母在教育孩子时要因势利导，为孩子智商的提高创造有利条件，很多天才就是这样“玩”成的。

## 让孩子像享受阳光一样享受游戏

爱玩、乐于游戏是孩子与生俱来的一种天性。6 ~ 7 个月的孩子就开始与母亲玩“藏猫猫”一类的游戏了，会走路以后玩的花样就更多了，玩玩具、堵水渠、玩沙子，更大一点的时候就与小伙伴一起玩气球、玩水枪、踢足球……

但到上了小学以后，很多父母对孩子贪玩、做游戏，就不再接受了。在他们看来，游戏会占用孩子更多的学习时间，是“不务正业”，所以他们会拉下面孔给玩兴正浓的孩子泼一盆冷水：快去写作业，整天只知道玩是不会有出息的！

孩子需要游戏和玩耍，就如同草木需要阳光雨露一样。特别是那些被关在书房里、堵在教室里，被沉重的学习负担压迫的缺少活力的孩子，是十分渴望有一个自由的游戏空间，舒展一下被束缚的腰身的！

为什么有那么多的父母会阻止孩子自由自在地游戏，粗暴地剥夺孩子玩耍的权利呢？因为这些父母担心游戏会降低孩子的考分，影响了孩子的升学。说到底，是因为这些父母不懂得游戏在提升孩子的智商、情商，增强孩子体能等诸多方面的重要作用，以及促使孩子全面提升个人素质的重要意义。

中外著名教育学家就游戏对于孩子成长的重要性给予过深刻揭示。中国著名的教育家陈鹤琴先生说："各种高尚的道德，几乎都可从游戏中学得。什么自治，什么克己，什么忠信，什么独立，什么共同作业，什么理性的服从，什么纪律等，这种种美德的养成，再没有比游戏这个利器来得快来得切实。"捷克教育家夸美纽斯说："游戏是发展各种才能的智力活动，是扩大和丰富儿童观念范围的有效手段。"

当孩子自由自主地游戏、玩耍的时候，他在无拘无束地发展自己的知觉、智力、道德、美感及身体等。游戏，这种在很多家长眼里"不务正业"的举动，对于促进孩子身心素质的全面提升，具有无可替代的作用。

首先，游戏有利于孩子身体的发育。

在欢快的游戏过程中，为了达到一定的游戏目标，孩子必须做跑、跳、动手、动腿、动头、动肩这些肢体运动，来调动身体各方面的组织和器官参与。因此，游戏的过程，能促使孩子的肌肉发达起来，骨骼坚韧起来，运动协调能力也得到很好的锻炼，动作更富有目的性和积极性。很显然，游戏在不知不觉中促进了孩子身体的发育。

其次，游戏促进了孩子智力的发展。

在游戏中，孩子玩各种玩具，提高了观察力和感知能力，在游戏中，孩子模仿一定的人、物和环境，提升了孩子的想象力。在游戏中，孩子要不断地构思情节、解决面临的难题，这又促进了孩子思考力的发展。总之，游戏的过程，是孩子的身心全面自由发展之必需。

## 不要因孩子爱玩而说孩子没出息

爱玩是孩子的天性，尤其是对于还没有上学的孩子来说，玩耍就是他的生活和功课，知识和阅历就是寓于玩耍当中，对此，每位父母都应提高认识并给予关注。应该说，不能给孩子的玩耍提供方便和条件的父母就是不懂孩子的学前教育也不懂爱自己的孩子。

鲁迅先生在《风筝》一文中说："游戏是儿童最正当的行为。"俄国作家高尔基也认为："游戏是儿童认识世界的途径。"

游戏之所以正当，不是因为它好玩，而是儿童成长的要求，而且能寓教育于其中，帮助儿童扩大知识领域，陶冶性格，并促进德、智、体、美各方面的发展，尤其对儿童的智力开发，有着不可估量的作用。

生活中常常听到一些父母抱怨自己的孩子："这孩子太贪玩了，什么也学不进去。"为了让孩子"学进去"，父母往往采取逼迫甚至暴力的手段，去阻止孩子的"玩兴"。

其实，爱玩是孩子的天性，而玩的过程，非常有助于孩子的智力开发。美国飞机发明家莱特兄弟在《我们是怎样发明飞机的》一书中，耐人寻味地回忆道："我们最早对飞机产生兴趣是从儿童时期开始的。父亲给我们带回来一个小玩具，用橡皮筋做动力，使它飞入空中。我们就照这个玩具仿制了几个，都能成功地飞起来……"就是这种能飞的玩具，使莱特兄弟玩得十分过瘾，并引发了造飞机的梦想。后来，他们几经努力，在滑翔机上安装了发动机和螺旋桨，让世界上第一架真正意义上的飞机飞上了蓝天。其中使用的螺旋桨，就是少年时期玩具上的那种螺旋桨。

游戏对孩子来说，是儿时生活的一部分，也是一个开始探索客观世界的过程。游戏可促使孩子对新知识产生兴趣，为了玩好一种新游戏，孩子们常常要进行认真地学习，以便更好地投入到游戏当中。

所以，当孩子正兴高采烈地用积木或纸盒造房子时，千万别为了收拾屋子而破坏了孩子的游戏。这样会无情地摧残孩子的精神世界，不但影响孩子游戏的快乐，而且有碍于孩子的智力及想象力的发展。

游戏是深受孩子喜爱并能培养其全面发展的有效途径，家长应该设法把教育与游戏有机地结合起来，即满足孩子玩耍的要求，也能使孩子在“寓教于乐”中茁壮成长。而绝不能对孩子的任何游戏采取“封杀”的做法。

## 拉近与孩子之间的距离

要拉近与孩子之间的距离，需要父母与孩子说贴心话，讲孩子感兴趣的事，做孩子渴望做的事，比如，一个孩子非常想知道某件事，他就对妈妈说：

“妈，今天班上有个同学说他九个月的时候就会走路了，我什么时候会走路的？”儿子一回家就缠着妈妈问。

妈妈让儿子等一等，不一会儿从房间里拿出一个笔记本，翻了翻回答说："你啊，你是十个月零二十天的时候学会走路的。"儿子凑过来一看，原来妈妈手上拿的记事本上详细地记录了他成长过程中的点点滴滴：哪天学会爬，什么时候站立，第一次叫妈妈，什么时候长出第一颗牙……都记录得清清楚楚，每一件事情旁边还留了爸爸妈妈当时的心情。儿子一看可激动了，干脆坐到妈妈旁边，一件一件细细询问，妈妈也一一回答，看到有趣的地方，母子俩还会一起开心大笑。儿子抱着妈妈的脖子说："妈，你和爸爸对我真好！"妈妈也觉得很幸福。

童年是人生中最单纯、最美好的时段，每一个人都会怀念起那时无忧无虑单纯的快乐。每一个孩子其实都对自己的成长过程充满了好奇，包括"我是怎么来到这个世界上的"、"我小时候乖不乖"、"我小时候聪不聪明"等。对于孩子有记忆之后的成长经历，孩子也会时不时地怀念，希望能有人一起分享。

和孩子一起回忆童年，提及那些孩子记忆有些模糊或是印象深刻的童年趣事，能让孩子感受到父母的关爱，体察父母的辛苦和不容易，学会心疼父母。而父母在回忆的过程中，也可以重温孩子小时候的温情和初为父母时的天伦之乐。和孩子一起回忆童年，在温馨的回忆中拉近与孩子之间的距离，让孩子感受爱的感动和成长的喜悦。

在每一个人的成长过程中，正确的自我认知有着很重要的作用。如果一个人不能正确地认识自我，总是看到自己的不足，觉得自己处处不如别人，就会产生自卑，丧失信心，做事畏缩不前；相反，如果一个人过高地估计自己，也会骄傲自大、盲目乐观，导致工作的失误。因此，恰当地认识自我，实事求是地评价自己，是自我调节和人格完善的重要前提。

个体对自我的觉察，或者说意识的形成，来源于对外界环境的刺激和反应。在形成记忆之前的个体是不会有自我意识的，记忆是一切思想的基础，自我认识是个人在思想之上的对于环境的反应。因此，让孩子拥有正确的自我认知能力是重要而且必要的。

童年是一生的起点，父母应该多跟孩子一起回忆他的童年，一起梳理他的成长过程，回忆他成长中一些有意义的事件。每一代人都有其特有的童年经历和时代背景，和孩子一起回忆他的童年，可以加深孩子对自己出生的了解，加深孩子对成长环境的认识以及对社会的了解。父母和孩子一起回忆孩子的童年，能帮助孩子更加清晰地认识自我，对完善孩子的心灵和精神世界很有好处。

和孩子一起回忆他的童年，不仅满足了孩子的好奇心，还会让孩子学会感恩。他们会感激父母的养育和辛苦，会想念那些童年的玩伴，会感谢老师的每一句表扬。有一颗感恩的心，孩子就有了感受幸福和创造幸福的能力。懂得感恩的孩子，必定会珍视生命，用心去生活。

对同一件事情，父母和孩子的看法也不尽相同，对于童年的记忆也是一样。童年里发生的同一件事，由于父母和孩子的角度不同，所留下的记忆也会有差别。和孩子一起回忆他的童年，走进孩子的记忆，从孩子的角度去重温他的成长，帮助父母更好地了解孩子。

和孩子一起回忆他童年时候那些具有进步意义的事件，能给孩子带来不小的力量。孩子的每一次进步都是值得夸奖和骄傲的，和孩子一起回忆他的童年，回忆他的每一次成长进步，让他也看到那个一点点长大的了不起的自己。这样做可以很好地增强孩子的自信，更好地面对学习和生活的挑战。

# 常带孩子进行一些户外活动

大自然具有一种神奇的力量，如果带孩子走进自然，会让孩子不自觉地放松、愉悦。走进自然，观赏自然，是孩子们最高兴的活动之一。在学校呆了一天的孩子，回到家，或者是在休息日由父母带着做一些户外活动，这对孩子的身心发育无疑是非常有益的。

但在现实生活当中，由于父母工作忙、生活压力大、太过焦虑等原因，很多家庭都很少进行户外活动。即使有机会带着孩子外出，也只是完成任务似的和孩子到某个公园，将每个游乐设施让孩子玩一遍就算结束了。其实，户外活动是一种很好的促进父母与孩子情感交流的方式，经常带孩子进行户外活动对孩子的健康成长有如下意义：

**1. 让孩子亲近自然**

户外活动是以阳光和新鲜空气等自然景物为伴，有益于陶冶性情，增进健康。

经常带孩子在户外活动，让孩子在阳光中沐浴，在蓝天下奔跑，和孩子一起观看自然风光，一起欣赏花儿绽放，看青山绿树，听鸟叫蝉鸣。让孩子更亲近自然，感受大自然的勃勃生机，让孩子忘记烦恼，快乐成长。

**2．提高孩子的免疫力**

经常进行户外活动，让孩子享受“空气大餐”，不但可以促进新陈代谢，还能增强呼吸系统抗病的能力。户外阳光充足，经常让孩子享受“日光浴”也有颇多益处——阳光中的红外线可以让人感到温暖，促进血液循环，促进新陈代谢，紫外线还有杀菌消毒的作用，还有利于人体对钙的吸收。

经常参加户外活动能加速血液循环，促进新陈代谢，为大脑提供高质量的营养，使头脑更灵活，从而更加促进智力的发展。

经常在室外活动，有利于孩子的骨骼发育。经常参加户外活动的孩子，往往身体结实，抵抗力强，不容易感冒，也很少患其他疾病。

**3．满足孩子好动与探索的本性**

好玩好动是大多数孩子的天性，在户外活动中，孩子所受到的制约大大减少，会更加放得开。在这样的情况下，孩子很容易成为活动的主导者，会激发孩子的想象力、动手能力和创造力。

强烈的好奇心驱动着孩子不断地探索和思考，他们的小脑袋里装了很多稀奇古怪的想法。多带孩子进行户外活动，能满足孩子的探索本性，给他们认真细致观察的环境和条件，让他们积极主动地去发现自己想要的答案。

**4．有助于提高孩子的交往能力**

户外活动往往是需要与其他孩子一起开展的，即使是简单的游戏活动，也有不少规则。如：几个小朋友在一起滑滑梯，就有一个先后次序问题；一起玩老鹰捉小鸡、踢球就有合作问题。可以说，户外活动为孩子解决日常生活问题、积累为人处世规范提供了广阔的空间。孩子们往往会从游戏中积累经验并运用到将来的日常生活中去。

经常带孩子进行户外活动有利于孩子的身心健康发展。那么，父母应该怎样更好地带孩子进行户外活动呢？

首先，要为孩子创造户外活动的机会和条件。

善于利用院子里及家附近可供孩子玩耍的场地。父母可以在周末早晨或是傍晚，带着孩子到附近公园感受大自然的气息；也可以在休假的时候，带孩子外出郊游；可以带孩子在小区里散散步，到广场上放放风筝；又或者在小区空地上打打羽毛球等。其实户外活动不一定非要有宽大的空间，带孩子走出家门，走到阳光下，就能给孩子带来快乐。

其次，户外活动内容要丰富。

经常带孩子到户外活动，父母要注意丰富活动的内容，不能总是千篇一律，这样孩子才不会厌倦，这样才能让孩子感到户外活动的乐趣，得到不一样的锻炼。

散步，是一种很好的放松方式。父母可以选择在每天早晨或是每天晚饭后带孩子外出散步。散步不仅对孩子的身体有好处，还能很好地锻炼孩子的观察能力。另外，散步过程中，父母能和孩子放松自在地交谈，增进彼此之间的感情。

跳绳。跳绳是一项全身性的运动，孩子手脚协调配合，可促进身体的协调性。跳绳可以促进血液循环，使人精神舒畅，行走有力，更主要的是可以起到通经活络、健脑的作用。

骑自行车。经常骑自行车，可以发展孩子腿部和足部肌肉的力量，提高孩子运动的速度、反应的灵敏度和平衡能力等。

游泳、爬山。游泳可以增加肺活量，提高身体对外界环境的适应能力，增进对疾病的抵抗力；爬山可以锻炼孩子的毅力，开阔孩子的视野，使孩子形成心胸开阔、乐观向上的性格。

野炊。野炊让孩子亲近自然的同时，还能锻炼孩子的动手能力。

当然，还有很多的活动，父母可以结合孩子的年龄和身体情况，结合孩子的性格特点，不断丰富户外活动的内容。

第三，不同的季节做不同的选择。

春天是万物复苏的季节，父母可带孩子去踏青；夏天可经常带孩子去游泳，主要是为孩子接触水提供机会；秋天，秋高气爽，可带孩子到瓜果飘香的果园去采摘，或者去看金色的田野、丰收的庄稼，还有辛苦劳作的农民；冬天，可带孩子欣赏皑皑的白雪、美丽的冰雕、漂亮的雾凇。

每个季节都有不同的自然景色，不同的动植物生长，不同的人物活动，父母应该多带孩子出去走走，让孩子贴近大自然，了解大自然。

最后，安排好时间和活动量，注意孩子的安全。

父母家长带孩子进行户外活动不要耽误正常的工作和学习，同时要恰当安排孩子的活动量，运动量不宜过大，否则会给孩子造成疲劳感。还要为孩子准备合适的衣服，鞋子以软底鞋为宜，以免妨碍活动。在一些活动开始之前，要帮助孩子做一些准备活动，先把身体活动开。

此外，要多注意安全，一切活动都应该在保证孩子安全的前提下进行。孩子生活经验不足，又好奇、好动，往往做出一些冒险的动作，这个时候需要父母进行正确的示范和指导。否则，出现意外事件，就得不偿失了。

## 父母不该过多干涉孩子

如果允许孩子去玩，但又对其加以种种限制，就不会收到要孩子玩耍所希望达到的效果。

明明迷上了滑板运动，他每天都要花很长时间练习滑板。看着明明早出晚归，满头大汗地回家，妈妈不仅没有批评他，反而对他很支持。明明也很开心地向妈妈讲述他这一天中的收获。

明明对妈妈说："妈妈，我真羡慕那些在斜坡上自由自在滑来滑去的人。他们冲下来的时候像风一样。这简直太棒了。真希望我也能早点像他们一样。”

妈妈听了，鼓励他说：“妈妈相信，你也能做得很好。相信你很快也能和那些人一样，体验风的感觉了。”

听了妈妈的话，明明非常开心，他练习得更起劲了。不久之后，明明就能在地形复杂的地方做漂亮的跳、蹦、滑、旋等动作了，他还参加了很多比赛和表演。

不久之后，明明又迷上了打游戏。他每天晚上至少要在电脑前花两个小时打游戏。明明常常高兴地向父母展示自己打游戏的技术，他甚至有时候还说：“如果让我来设计这个游戏，我会……”听他的语气仿佛他是这方面的专家。每次明明这样说的时候，爸爸总会夸他说：“说不定明明以后就是有名的游戏软件工程师呢！”爸爸妈妈没有因为明明打游戏而责怪他，甚至有时候爸爸还会和明明一起玩。父子俩常常玩得兴高采烈，妈妈看到了，往往都是会心地一笑。

看完明明的故事，有的父母可能会不理解，孩子花那么多的时间在玩上，他的父母怎么也不制止呢？这样下去，很有可能毁掉孩子的前程！妈妈竟然会鼓励他在复杂的地形上练习滑板，难道不怕他因此而受伤吗？还有，孩子怎么能总打游戏呢？爸爸不但不阻止他，还和他一起玩，真是不务正业啊！

如果看看国外的父母是如何教育孩子的，会让国内的家长们积极反思自己的教育方式。以美国为例，他们很多家庭都不会对孩子玩什么进行严格的限制，他们会让孩子选择自己喜欢玩的东西。一般情况下，只要不会对孩子产生不良影响，父母很少干涉孩子玩什么。孩子玩容易受伤的游戏时，他们会告诉孩子应该注意哪些问题。此外，他们也允许孩子玩很长时间。美国的父母为什么会这么支持孩子玩呢？

他们认为：

1. **孩子可以在玩中学到很多东西**

很多美国父母认为“玩”对孩子来说也是一种教育。不同的“玩”能够让孩子学到不同的东西。例如，滑板、骑单车等游戏可以锻炼孩子的胆量，增强他们的信心；电脑游戏，有助于丰富孩子的想象力等。他们认为应该让孩子在玩中锻炼自己，如果对孩子保护过度，可能会使孩子形成胆怯的性格。他们觉得鼓励孩子冒险或是让孩子参加有挑战性的运动，在一定程度上可以克服孩子的胆怯心理，使他们拥有战胜困难的勇气。

实际上，有很多美国孩子都喜欢玩滑板、骑单车。他们不但会玩，而且玩的花样也特别多。很多孩子骑着单车或是踩着滑板，在地形复杂的地方做各种各样的动作，他们可以尽情地跳啊、蹦啊，甚至还可以滑翔、旋转等。有些动作看起来非常危险，如有的孩子会从高高的坡上飞速直下，又快又猛，危险系数特别高，可是那些孩子却玩得津津有味。走在美国的大街上、居民区里，甚至是楼梯上，都经常可以看到踩着滑板的孩子。有的孩子喜欢在家里玩电脑游戏，父母也不会因此对孩子进行呵斥，有时候还会和孩子一起玩，并跟他们一起探讨玩游戏的感想，等等。

2. **玩可以让孩子过得更开心**

很多美国家庭都不会限制孩子玩的时间。据调查，孩子每天可以玩四个小时以下的家庭占的比例是最小的，不少家庭允许孩子玩的时间在五六个小时之间。甚至有的家庭不对孩子玩的时间做任何限制。

除了不限制孩子玩的时间以外，很多家长也不会给孩子布置额外的家庭作业。每天上学之前，父母都会跟孩子道别，但是他们不是在嘱咐孩子好好学习、认真听课等，而是告诉孩子要玩得高兴。“Have fun”是美国家长对孩子说得最多的一句话。当孩子回到家后，家长经常问的也是：“今天在学校过得开心吗？”

**3. 玩可以培养孩子的各种能力**

很多美国家长都会鼓励自己的孩子去玩。他们认为玩也是有目的的。例如，夏令营和团体活动会锻炼孩子的交往能力，并增加孩子的见识，同时玩也能够培养孩子的想象力。因此，他们都会鼓励自己的孩子参加夏令营，或者是社区小朋友的小型聚会。孩子过生日的时候，他们也会让孩子邀请自己的朋友来家里一起庆祝等。

由此可见，在美国人的观念中，玩是孩子的权利，是应该让孩子自己做主的事。他们不仅允许孩子玩，鼓励孩子玩，甚至陪孩子玩，让孩子在玩中学习，在玩中成长。这是我们中国的父母们应该学习和借鉴的。

## 让孩子放开了去玩

现在，绝大多数的父母都知道玩耍对孩子的益智作用，并且也很为孩子的玩耍投资，但是有的父母在鼓励孩子玩耍时抓不住要点，因此，收不到好效果，这也是父母们需要总结和反思的问题。我们看看下例：

金星妈妈在逛商场时，看到了一款玩具——智能机器人，它既能唱歌又能跳舞，还会从嘴里发射弹球。服务员向金星妈妈演示了这个玩具的玩法，妈妈觉得很好玩，猜想2岁的金星一定喜欢，虽然价格不菲，但还是买了下来。

金星看到妈妈买回来的机器人果然很高兴，他抢过机器人，当起了手枪。可妈妈一把夺过来说："这是个机器人，不是手枪，看妈妈教你玩！"妈妈给金星演示起来。机器人的演技让金星很兴奋，他扑闪着好奇的大眼睛，一会儿看看妈妈手中的遥控器，一会儿看看挪动着步子的机器人。他几次想过去把机器人拿起来，都被妈妈挡住了。"别动，看着玩！"当机器人喷射弹球时，趁妈妈不注意，金星硬是扑过去把机器人抱起来，他用力掰着机器人的脑袋，想要看看里面有什么奥秘，为什么从他嘴里会喷出弹球。对此妈妈又一把抢过去，还一边教训着说："看看得了，拆它干什么！"金星哇地大哭起来，妈妈只好妥协："好，好，给你玩。"她把遥控器放到金星手里，教他如何操作，谁知，金星对此并不感兴趣，他执意要去拿那个机器人，妈妈生怕他弄坏了，只好哄骗他玩别的，然后偷偷把玩具藏起来。结果，这个玩具倒是完好无损，但却成了一个摆设。

相信这样的情景在很多家庭里都上演过，父母常常抱怨给孩子买来玩具，他们却不好好玩，没多久就弄坏了。不是卸下小车轮子，就是揪断娃娃胳膊，玩具没有一样完好无损的。在发泄这些牢骚的时候，父母有没有想过，此时孩子真正需要什么，他们的内心在想什么，给孩子买玩具的目的是什么？是不是忘记了让孩子玩的目的了？

小张给她 3 岁的女儿涵涵买了一个电动火车玩具。她想，这玩具太高级了，花了上百元钱呢，可不能随便像其他玩具一样说弄坏了就弄坏了。回家后，她自己小心翼翼地把火车装好，安上电池，火车开动了。"呜呜，开火车喽，开火车喽！"女儿好高兴。说着，她就要伸手去摸，看看能不能把它抓住。

"只许看，不许动"！妈妈大声吼着。

第二天，涵涵又搬下玩具盒，准备自己来玩火车。

"你别动，我来拿！"

涵涵要自个儿玩，自个儿开，妈妈又说："你别动，我来开！"

接连几天都是这样。玩火车的权利实际在妈妈那儿，涵涵和她的小朋友只有在旁边观看的份儿。于是，涵涵渐渐地不再对火车有什么兴趣了，小张家的那列"火车"也成了她自己的玩具。

像这种买了高级玩具又不让孩子自己玩的例子在现实生活中很多。这无形中挫伤了孩子的玩兴、压抑了孩子的好奇心，无助于他们的身心健康和智力培养。我们知道大脑的发育和思维活动都有待于动作的协调，而儿童玩玩具正是训练他们动作协调性的重要途径。同时，正是由于手、眼以及其他多种动作的相互协调，儿童逐渐发现了自身的动作与外界物体之间的某种联系。例如，摇一下铃铛会发出声音，按一下键钮会使火车开动或停止等。这样，久而久之，这种动作与动作、动作与物体之间的联系便开始在儿童身上形成了。于是，慢慢地，孩子便会用自己已经掌握的动作来处理不同的对象，应付新的情景了。这便是儿童智慧的启蒙。

可见，儿童通过玩玩具，能够把自身与外界环境紧紧地联系在一起，从而也就认识了人与环境之间的相互作用，并掌握了知识，开拓了思维。因此，如果自己想要让自己的孩子尽快得到知识，发展智力，激发和保持孩子的求知欲望和兴趣，就应该放手让孩子自己去玩玩具，让他们自己动手、自己操作，并给他们提供足够的活动场所和时间。千万别为了怕孩子摔坏玩具而剥夺他们自己玩的权利。

当然，父母怕孩子弄坏玩具的心情也是可以理解的，毕竟买玩具花了一大笔钱，孩子冒冒失失，如果任由他们摆弄，玩具很可能转眼间就被拆得七零八落，这样也很可惜。而最好的解决办法就是先由父母示范，再进行传授和指导，而不是限制孩子。总之，要让玩具最大限度地发挥它的作用，而不是被当作摆设或束之高阁。

或许，有些玩具很娇气又价格不菲，但是既然是玩具，就要让孩子去玩，以此来培养孩子的好奇心，培养他们的动手能力，开发他们的智力，让玩具发挥它应有的作用。

# 第四章
# 孩子不愿意父母对他们捆绑得太紧

当孩子长到足够大时，已经具有了要独立表达思想感情及自己做事的要求，应该说这种要求既合理又符合孩子的成长规律。对此，父母们理应给被自己捆绑了太久的孩子们松松绑，给他们一点能够自己做事的机会，让孩子独立地处理一些事情。当孩子打电话时，父母不要去听，让他放心地打；当孩子交异性朋友时，父母也不必惊慌，只要教他去正确地处理；当孩子做一些让父母不可思议的事情时，父母也不必诧异，只需冷静观察，因为凡事都有第一次，是天性就不可扼杀。

# 孩子需要自由自在的生活

孩子的规则意识与道德意识还不强，心灵不受约束，他们喜欢自由自在的生活。但由于现在的孩子大都是独生子女，所以每位父母对孩子娇惯的很，看管的也严，很多孩子根本没有自己的自由空间。这是教育孩子的误区。

凡是一个优秀人才的成长，都需要充分放开思想，扩大眼界，这样才能发挥其内在的创造力。马斯洛在论述人的创造力时说，每一个人都有一定程度的创造力，而初始创造力常处于无意识状态，这种无意识能促进人的发现与发明。因此，父母应该把本属于孩子的自由发展和思考的空间让给孩子。给孩子更多的自由，能让孩子对世界万物有个全面的感受，更能促使孩子去体悟人生。当然，更重要的是能使孩子正确学习，健康成长。当一个孩子做到了这些，他就会成长为一个优秀人才。

父母要让孩子成为优秀人才，就要给孩子更多的自由，这种自由主要表现在三个方面：一是想法上的自由；二是时间上的自由；三是做事的自由。如果父母做到了这三个方面，孩子就会成为一个优秀人才。

所谓给孩子想法上的自由，就是父母不要压制或限制孩子的想法，孩子想对了，给予鼓励和表扬，想错了，帮助他们加以纠正。很多孩子，往往就是在精神上给束缚死了，而其父母却全然不晓。因为很多父母看不到孩子有压力。特别是父母要求严格的孩子，他会面临来自各个方面的压力和限制。父母大都不能看到孩子身上这种压力的沉重。一个孩子的身后往往有很多人对他寄予期望，孩子会担心自己的行为满足不了对自己满怀期望的人，因此，在生活中的一言一行，他都会考虑别人的想法，孩子在精神上产生的这种压力将直接影响到孩子的成长。

因此，要使自己的孩子成为一个人才，就不要禁锢孩子的想法。特别是在孩子很小的时候，要让孩子充分开放自己的思维。

很多父母为了使自己的教育更有效果，往往在时间上卡得很紧，在不同的时间给孩子安排做不同的事情，孩子自主的时间很少。因此，孩子的很多创意，很多想法，就没有足够的时间去实现，孩子的很多时间都花在做大人安排的事，这同样禁锢了孩子创造力的发展。

有的父母以为，给孩子太多的自主时间是一种放纵，其实不然，当孩子在自己安排时间的时候，他得到的收益要比大人替他安排时大得多。孩子自由地去想，能更好地拓展自己的思维空间，这在前面已经提到；孩子自由地去玩耍，能提高他的智商；让孩子自己去找事做，他会很好地发展自己的兴趣爱好。

从某种程度上说，一个孩子的年纪越小，他自主安排时间就对自己越有益。因此，父母要给孩子充足的自由时间，让孩子自己摸索生活的技巧，这将奠定孩子一生事业成功的基础。股神巴菲特小时候父母对他管的不是很多，他能整天和伙伴们一起游戏，他们无聊时最爱干的事就是记录街道上来往的汽车牌照号码，这在大人看来是孩子在打发无聊的时间，但巴菲特却因此锻炼出超常的数字记忆能力。在9岁的时候，巴菲特因整天无事可做，他就去拣苏打水机器里出来的瓶盖，就是这种无聊的举动使他发现哪一种饮料最好卖，他后来因此贩卖饮料轻松地赚了一笔。可见，给孩子充足的自由时间，孩子有时就会给父母意想不到的惊喜。

父母在培养孩子的过程中，知道让孩子去做事是锻炼孩子能力的重要手段，因此，为了让孩子学会做事，他们会在孩子做事时对孩子进行指导和监督。但是，父母对做事的孩子过于指导，或者指导的方法不当，也会束缚孩子的创造力，孩子就会变成一个呆板的做事机器。因此，做一件事，应该让孩子自己去拿主意，父母只要结果，大可不必干涉孩子做事的方法，因为父母的方法虽然成熟，但它会禁锢孩子的做事思维，长此以往，孩子做事的能力就得不到增强，更谈不上有做事的技巧。

总之，让孩子生活得更自由一些，更利于让孩子展示自己的创造力，也更容易成为一个优秀人才。

## 孩子的兴趣需要家长的重视

有时候，一个人对某事物表现的非常感兴趣非常专注，这预示着这个人很有可能在这方面做出不平凡的事业。因此，父母对自己的孩子对某事物所表现出的兴趣，不但不能制止，而且需要给予特别的重视。一个伟大人物的产生和一项重要产品的发明，往往就有这样的前兆。

耳熟能详的大发明家爱迪生，在实验室里常常不停地工作十几个小时，有时甚至是接连几天几夜地做实验，他有这样的工作热情，正是来自于他对自己工作的兴趣。因此，当父母发现孩子的兴趣时，一定要给予善待和保护。

兴趣是孩子成为优秀人才的基础，善待孩子的兴趣，就是在保护孩子成为人才的动力。但在现实生活中，很多父母对孩子的兴趣缺少足够的理解和关注，他们看重的只是孩子考试的分数。父母哪里知道，孩子的兴趣一旦被压抑，那将意味着他们能发挥出自己真正能力的余地就会越来越小，很多孩子一事无成就是这样造成的。

有一个女孩子对舞蹈非常感兴趣，但她的父母希望她能当一名教师，这样将来能有一份稳定的工作，孩子没有办法改变父母的意愿。于是，她只有一边上学，一边选修她的舞蹈课程。她的老师知道这种情况以后，找到孩子的父母说："应该让孩子学习她感兴趣的东西，如果两者兼顾，这就像一个人同时坐在两只船上，迟早会落水的。"孩子的父母并没有听从老师的劝告，还是一心想让孩子当老师。结果孩子没有考上师范学校，而是了去一些当地的剧团参加一些舞蹈演出。因为没有受到过系统的舞蹈培训，她始终也只是一个业余舞者。

为此，父母想要让自己的孩子将来有一技之长，或成为本专业的人才，要注意培养如下意识：

1. **不要打击孩子的兴趣**

一个 6 岁的孩子想知道家里养的花为什么长得那么好看，便把花连根拔起，但他什么也没有看到。他的父母知道后并没有责备他，而是告诉他：这些花之所以开得这么鲜艳，全靠根吸取土壤里的营养，如果根离开了土壤，那花就会因缺水分和营养而枯死。说完，就和孩子一起把花重新栽到盆里。这样，不仅使孩子学到了知识，还满足了孩子的好奇心。如果因孩子毁坏花草就对孩子进行批评，孩子就会觉得好奇是一种错误，渐渐地孩子的兴趣就会泯灭。如果父母因此责骂孩子，顺便说上一句类似"手怎么这么欠呢！"之类的话来，父母责骂的言语就会植入孩子的心里，当以后上生物课老师讲到有关知识的时候，他就会在潜意识中认为这"没有什么好听的"，孩子对植物的兴趣就会荡然无存，孩子就不会学得好。

很多事的道理和这一样，若父母能善待孩子的兴趣，那么就会引导孩子向更深处去思考，父母若告诉孩子："这些花之所以开得这么鲜艳，全靠根吸取土壤里的营养。"孩子在以后的生物课学习中，就会留意"根如何吸取土壤里的营养"的问题，这样，孩子就会学得更好。因此，孩子有兴趣时父母要注意保护，善待孩子的兴趣，这样孩子才会出众。

**2. 不要强迫孩子做什么**

很多父母知道兴趣对孩子成长的重要性，于是，只要孩子对某个方面感兴趣，父母就极力让孩子去做，有的甚至到了逼迫的程度。其实，孩子对一件事的兴趣是有限的，兴趣在一定的范围内孩子才会感到快乐，感到快乐兴趣才会变成孩子进取的动力。如果刻意地让孩子干自己感兴趣的事，时间久了他们就会感到厌恶，本来有兴趣的事就会变得没有兴趣了。因此，保护孩子真的感兴趣的事，要做理性观察和鉴定。

**3. 要拿准孩子的兴趣**

孩子总会对一些事情充满热情，有的孩子是因为一时的好奇，这不是孩子对某事物真的感兴趣，因此要拿准孩子的真正兴趣所在。有的孩子一旦对一件事发生了兴趣，他就会坚定不移地喜欢下去；有的孩子却不同，他很容易对一些事感兴趣，但兴趣维持的时间不长，很快就会转移到新的事物中去。因此，父母要善于甄别孩子真正的兴趣，不要拿一时的好奇当兴趣，否则，父母就无法按孩子的兴趣来培养孩子。

因此，父母善待孩子的兴趣，就是先要肯定孩子的兴趣，然后保护和发展孩子的兴趣。要让孩子按照自己的兴趣发展，这样，孩子才有可能成长为一个优秀人才。

## 给孩子锻炼的机会

孩子在小的时候，爱家、恋家、离不开家，离不开父母的呵护。但孩子大了，他更会向往社会，因为社会与家相比，更丰富多彩，更有施展理想和抱负的舞台，正因为如此，父母从孩子小时就应给他经历风雨的机会。

有一位华人女性在美国找了一份家庭保姆的工作，帮一位美国母亲照顾孩子。有一天，孩子在家里不小心绊倒了，坐在地上哇哇大哭。看此，这位保姆赶快起身要去扶孩子，但美国母亲却阻止了她。保姆对美国母亲说："孩子哭成这样子，你都不管他吗？你心太狠了。"

美国母亲却批评这位保姆说："心狠的是你。"

对此，中国保姆很不理解，而美国母亲说："孩子跌倒了，他自己完全可以爬起来。爬起来，他就成功了一次，你连这样的锻炼机会都不给他，如何让他面对将来激烈的竞争？你这样才是真正的心狠。"

从当时情况来看，美国母亲是"心狠"了一些，孩子摔倒了都不管。但从孩子的长远发展来看，美国母亲更理智，美国母亲懂得放手，而放手恰恰给了孩子体验的机会，让孩子可以从小学习如何面对挫折。而保姆的举动可能是大多数中国人的想法，永远在给孩子提供无微不至的关爱，爱到忘我，却忽略了孩子真正需要的是什么样的爱。无微不至的父母之爱会让孩子变得无能。

朱自清先生曾就父母要懂得对孩子放手的问题说过："要让孩子在正路上闯，不能老让他们像小鸡似的在老母鸡的翅膀底下，那是一辈子没出息的。"父母应该学会放手，给孩子一些自由体验的机会。

某小学的一位老师，在新生入学时发现了一件让她惊愕又好笑的事。

午餐时学校供应了好吃的芒果，多数孩子都很喜欢这种水果，但是却有几个孩子没有吃，原因不是他们不爱吃而是他们不知道怎么吃。

"不会吃芒果？"老师以为自己听错了，赶忙再问孩子一次。

"老师，你可不可以帮我把芒果皮剥下来，切成一块一块的？"一个孩子很认真地说。原来孩子在家吃到的芒果都是妈妈剥好皮，再切成一块块的。

“不行，老师不能帮你剥皮，不过我可以教你怎么吃。”老师一边回答，一边抓起孩子的手，教他们如何剥掉芒果的外皮。

这位老师的做法无疑是对的。用手吃带汁的水果，体会黏糊糊的感觉，不也是一种生活体验吗？享受美食，不正是一种生活乐趣吗？怎么现在的孩子连最原始的享乐都体验不到呢？

也许我们为孩子做得太多，而剥夺了孩子应有的学习机会，因为爱太多，父母夺去了孩子原始的生物本能。但爱不能成为剥夺孩子体验生活的借口。父母的溺爱会让孩子变得无能又无情。

学会了剥水果的孩子也知道了，如果手的感觉是黏糊糊的，只要洗一洗就没事了，没有什么好担忧的。父母以爱的名义剥夺孩子享受生活的乐趣，剥夺孩子生活的能力，实在是一种“残忍”。

孩子未成年时，父母是保护者，保护孩子得以健康成长，给孩子提供安全的避风港，但爱孩子的同时，父母要懂得放手，该放手让孩子去体验时就要学着放手。一个对生活有感悟的孩子会自己做好自己的事情的，对此管得太宽的做法实在是不理智的、短视的。

## 父母不能硬性改变孩子的兴趣

人们都有这样的亲身体会，做自己喜爱的事，就愿意做、有热情，也极易出成绩，由此，凡是明智的父母都应保护孩子的兴趣，而不应是硬性地改变它。

有一对夫妇，有一个可爱的男孩。这对夫妇观看了由丹麦12岁的音乐“神童”演奏的钢琴音乐会之后，除了羡慕不已，他们还下定决心，也要将儿子培养成为一名钢琴“神童”。

他们省吃俭用地为儿子买了一架钢琴。可他们的儿子根本就对音乐不感兴趣，乐感也非常差，但父母还是逼着他每日练琴。

妈妈每周两次陪着儿子到钢琴教师家去学两个小时。为了对儿子练琴能起到监督作用，只有一点点简谱底子的父亲还去“加强班”进修了两个月的五线谱。

然而，纵使父母费尽了心机，但无奈儿子对钢琴根本就不感兴趣。为了让儿子坐到钢琴凳上，用他妈妈的话说：“不打一顿，也得数落10分钟。”即使是这样，儿子对钢琴仍然没有丝毫的兴趣。他天天都在梦想和小伙伴们在绿茵场上痛痛快快地踢上一整天的足球。

因此，对父母整日逼迫着他学钢琴、练钢琴，儿子的逆反情绪越来越强。终于有一天，这种逆反情绪像火山一样爆发了——他从厨房里拿出一把菜刀，“咣咣咣”对着钢琴一顿乱砍。

这就是父母把自己的意志强加给孩子的结果。

一般而言，父母强加给孩子的“兴趣”有三种：一种是他们认为能对孩子的将来大有裨益，能赚到大钱的；一种是“赶时髦的”，如看到人家的孩子都在学钢琴，就让自己的孩子去发展钢琴特长；最后一种是他们自己童年时期的某种爱好，由于当时条件不允许，理想没有实现，现在条件允许了，便想通过孩子来实现自己的理想。

很显然，前两种是父母自己的意志，后一种其实是父母的兴趣。唯独不体现孩子的兴趣，这样的做法孩子能接受吗？能出成绩吗？

其实，做出这种不理智举措的父母没有搞清楚兴趣的真正内涵。

那么，兴趣的真正内涵是什么呢？心理学家是这样定义兴趣的：兴趣是人们探索某种事物或从事某种活动的心理倾向，它以认识和探索外界的需要为基础，是推动人们认识事物、探索真理的重要动机。人们对有兴趣的东西表现出巨大的积极性，并产生某种肯定的情绪体验。

也就是说，兴趣是孩子从事某种活动的原动力，真正的兴趣能对孩子所从事的活动起到支持、推动和促进的作用。这种推动不是外部动力在起作用，而主要是孩子自身对某种活动有着强烈的爱好，总忍不住地、自觉地、积极地去获得它、探索它，并用持之以恒的毅力创造性地去实现它。真正的兴趣有积极、肯定的情绪特征。

回过头来再看那对夫妇强行让儿子练钢琴的事例，儿子根本不是自觉的行为，他没有表现出对音乐的强烈爱好：他是在父母的斥责声中极不情愿地坐上钢琴凳的；在强烈的逆反、否定情绪的驱使下，他将菜刀砍向使自己备受折磨的钢琴也是必然的结果。

所以，不尊重孩子对自己兴趣的选择，强迫孩子从事他们丝毫没有兴趣的活动，会给孩子造成一系列的负面影响。首先，增加了孩子的压力和精神负担，扼杀了他们真正的兴趣以及产生创造性的可能。其次，降低了他们对生活的热情。再有，由于没有兴趣就没有原动力，从而很难获得从事某项活动的成功机会，容易使他们丧失自信心，从而使他们对自己产生错误的认知。总之，家长将自己的意志和兴趣强加给孩子，“牛不吃草强摁头”，对他们的身心会造成严重的伤害。

那么，孩子到底对什么感兴趣呢？其实他们是“如鱼饮水，冷暖自知”，通过自由自主的活动，他们能认识到什么是自己适合的，喜欢的，擅长的；什么是自己不适合的，不喜欢的，不擅长的，由此达到准确的自我认知。

其实，发现孩子真正的兴趣其实并不难。今天，许多发达国家的父母基本采取“以玩为主，以学为辅”的教学方法，让孩子在玩中学。父母在孩子的玩的过程中，一旦发现孩子兴趣的苗头，绝不以大人的想法和意志决定允许不允许孩子继续发展下去，而是充分尊重孩子的兴趣，并且因势利导，让孩子按照自己的兴趣爱好自由自主地探索神秘的未知领域。

这其实是所有做父母的在教育孩子问题上，应采取的最正确的态度。

## 孩子希望能无拘无束地讨论问题

应该说美国的大发明家爱迪生小时候所想的基本上反映了大多数孩子所想的，那么，他尽在想些什么呢？那就是无拘无束地想问题、提问题。

据说，爱迪生在上小学一年级时，有一天老师在教“2+2=4”，可他却愣头愣脑地问老师：“为什么等于4？”

老师有点生气地说：“2加2就是4啊！”并且用手指比划着，“1、2、3、4，你看，不就是4嘛！”

对于老师的这个回答，他显然不满意，还是问：“为什么就是4呢？”

老师觉得他的脑子一定有问题，生怕班上的其他孩子受到不良的影响，事后，便把他的妈妈叫到学校，告诉她：“你应该把他带回家去好好教导，否则会给大家带来很大的麻烦！”

可爱迪生的妈妈却理解自己的孩子，她认为自己的孩子聪明且出类拔萃，所以她决然为儿子办了退学手续，因为她要在家中亲自教育这个别人眼里的“问题孩子”。

但是在中国，许多孩子就没有这么幸运了，因为他们也许不会拥有像爱迪生妈妈那样独具慧眼的父母。确实，孩子有着问不完的问题，有的问题是一些很平常的事，但孩子却不停地问：“为什么？”如果父母能够正确引导，孩子的求知欲必定会越来越旺盛，因为孩子的好奇心正是从探究新奇事物的问不完的“为什么”开始的。

几乎所有的科学家小时候都有超出常人的强烈的好奇心。像居里夫人、达尔文等，他们都是从幼儿时期便有了相当强烈的好奇心，也正是好奇心的驱使，使他们问了许许多多的“怪问题”。

强烈的好奇心使孩子产生了探究事物真理的强烈意念。

生活中，孩子的许多问题之所以让父母觉得无聊，是因为他们所问的是大人们眼中理所当然的问题。然而，事实上能够对常人不足为奇的事抱有质疑态度的孩子是难能可贵的。牛顿之所以会发现“万有引力定律”，就是对于苹果为什么往下掉这种事不断地想不断地问“这到底是为什么？”才终有所悟。他这种质疑及追根究底的精神就是所谓的科学求真精神。

令人遗憾的是，许多父母不仅不对孩子问不完的“为什么”感兴趣，反而觉得厌烦，有的家长对孩子提出的问题随便敷衍一下，不给予耐心的说明和解释；有的干脆就说“就你话多，哪来那么多事”、“这还用问”、“你给我闭嘴”等。

诸如以上的粗暴回答，是大错特错的，这种态度只能扼杀孩子的天性，愚蠢地剥夺了孩子问“为什么”的权利，也压抑和泯灭了孩子的好奇心。

现实中不难发现，孩子好奇、好问的习惯会随着年龄的增长而逐渐消失。这其中许多孩子的好奇心和求知欲是被父母粗暴的态度扼杀的。

许多父母常犯这样的错误，当孩子提出一个他们答不上来的问题时，为了不在孩子面前丢面子，他们就随便给孩子一个答案，有时甚至是一个错误的答案。在教育上，再没有比教给孩子错误的东西更可怕的了，这个错误有可能影响孩子一生，因为孩子最初的印象往往是最深刻的。父母在给年龄小一点的孩子解答问题时，要尽量做到完美，并充分考虑到孩子现有的知识与思维能力，考虑孩子是否能完全接受。如果父母随便给孩子一个过于深奥的答案，其结果是孩子仍然解不开心中的疑团，会一直不停地追问下去。很多父母就是这样被孩子问烦了的，还反过来将孩子训斥一顿。

当然，当孩子所询问的问题父母也回答不上来时，要向孩子承认："这个我也不懂。"然后要和孩子一起翻书，或者通过其他途径来寻找答案，这样更能激发孩子对知识的渴望和求知兴趣。

等到孩子再大一点，懂的知识更多一点，父母在回答孩子的"为什么"时，不妨让孩子先想一想，而不是马上给出答案，要多提一些问题来开拓孩子的思路。提示孩子如何去思考，让孩子自己去想。偶尔遇到难以解决的问题，如果孩子真想不出来，再告诉答案也不迟。父母要经常以启发、诱导的方式，为孩子提供思考的空间，让孩子的思考能力得到尽可能多的锻炼，孩子所问的问题就会越来越深刻，其创造意识也会越来越强烈。

总之，父母千万不要嘲笑、压制孩子那些千奇百怪的问题，勇敢地耐心面对，给予他们鼓励和赞赏，让他们自由自在地、无拘无束地问"为什么"。

## 有些事孩子不喜欢大人参与

独立生活能力是人生存与发展的基本能力，这种能力不是天生的，它不但需要父母从小加以培养，还需要孩子自己从实践中去增强，对此父母要培养孩子逐步养成自己照顾自己的好习惯。

首先，鼓励他们。其实，没有一个孩子不喜欢自己做事，这是他们锻炼的机会。孩子一会走时路就有帮助妈妈的愿望，两岁的孩子就会帮大人拿东西、跑腿。三岁的孩子自立愿望非常强烈，什么事情都想去干，但是他们还太小，独立活动能力还很差，常常会把事办糟。这时，父母就应鼓励他们试一试。如果孩子把水洒到沙发上了，父母不要责怪他们，因为保护孩子的心灵远比沙发重要。这对父母来说，孩子只是犯了个小小的“可爱”的错误。这样的失误，随着他们长大就会避免了。

其次，不要代替他们。孩子动作发展成熟了，具备一定的能力了，不要总认为孩子小就替他们做这做那。孩子只有通过独立做事，才能体验到各种感情，这种感情与别人代替他们或强迫他们做时是大不一样的。

苏姆林斯基说：“一个孩子为了浇花，提了一小桶水，接着又提第 2 桶、第 3 桶、第 4 桶，他累得满头大汗。你不必担心，对他来说，这是世界上任何别的喜悦都不能比拟的真正的喜悦。在这种劳动中，人不仅可以了解世界，而且可以了解自己。童年时期的自我教育正是从了解自己开始的，这种自我了解是愉快的。一个 5 岁的小孩栽的一棵玫瑰，开出了一朵美丽的花，他不仅惊讶地观看自己双手劳动的成果，而且还审视自己本身：‘难道这是我自己做成的吗？’这样，儿童在体验无与伦比的劳动乐趣的同时，还可以认识自己。”

父母代替孩子做事，不仅不会给他们带来愉快，相反，他们会因失去了自己做事的机会而伤心。他们既尝不到成功的快乐，也体会不到失败的痛苦，他们品尝的是大人禁止他们做事的悲伤和怨恨。这对孩子的成长是没有任何好处的。

## 不要把孩子“囚”禁在书房里

有些父母为了不让孩子输在所谓的“起跑线”上，孩子一放学回家就又把他关在了家里接着学，这种做法即使能让孩子赢在“起跑线”但能保证他在终点取得胜利吗？而现实是，决定孩子一生的成败不只是“起跑线”，还有过程和结果。

王鹏已是高三学生了，他学习很刻苦，每天放学回家父母什么都不让他干，他的成绩一直排在年级前三名，考上清华肯定是没问题，许多亲友邻居都说他爸妈养了一个好儿子。父母听了比吃了蜜还甜，从此对他的饮食起居照顾得更加周到了。有一天，王鹏放学回家，爸妈都不在，给他留了张纸条，告诉他外婆病了，爸妈去医院了，让王鹏自己做饭吃。平时都是妈妈把可口的饭菜摆到他面前，现在怎么办？王鹏可犯了愁。要不就煮方便面吧，费了半天劲，总算把火打开了，放进水和方便面，还像妈妈平时煮面一样放了两个鸡蛋，最后的结果是面软得已经盛不起来，味道也不怎么样，还满锅的鸡蛋皮根本没法吃，最后只好饿着肚子了。

其实，这样的例子并不鲜见，现在很多孩子不都这样吗？书本知识说起来头头是道，可是他们连最基本的生活能力都没有。“高分低能”仍是存在于很多孩子身上的大问题。现在很多家庭都为孩子布置了一个舒适、安逸的书房，高档的书桌、精美的书架、琳琅满目的各种参考资料、价格不菲的电子词典……在父母挖空心思为孩子布置学习环境之时，却忽视对孩子基本生活能力的培养，即使孩子将来真的成才了，也只是专业上的精英生活上的“白痴”。如此看来，父母在注重孩子书本知识的学习之外，还有必要教给孩子一些必要的生活常识，比如：

**1. 认识药品及了解用药常识**

家庭中，通常都存有一定数量的药品以备急需，父母可以把一些常用药品拿出来教孩子辨认，使孩子逐渐了解药品的名称、用途及用法。这样既让孩子增长了知识，又降低了发生危险的可能性。另外在带孩子去医院看病的时候，还可顺便教孩子认识医院，了解各个科别、看病的程序和方法。在可能的情况下简单地告诉他们某些医疗器械的用途，以便解除孩子对医生的恐惧感，学会配合治病，或在发生意外事件时，能自己到医院求助。这些都有利于孩子将来更好地独立生活。

**2. 教孩子认识小工具及安全使用的方法**

父母在使用工具时，可以顺便告诉孩子这些工具的名称及安全使用的方法。还可以给孩子提供一些比较安全的小工具，诸如餐刀、不带尖的剪刀、小型的锤子、钳子等，让孩子边玩边学，既熟悉了各种工具的种类和功能，又在使用的过程中提高孩子的使用技巧。

**3. 避免被坏人伤害**

孩子独自在外时碰见坏人的可能是存在的，由于孩子年幼无知又缺乏这方面的经验，很容易上当受骗。为了避免孩子受到坏人的伤害，父母要告诉孩子这个世界上有坏人，并嘱咐孩子不要接受陌生人的礼物，不要到陌生人家中去，也不要请陌生人到自己家里来。女孩则不要让父母以外的人抚摸自己的身体，碰到存心不良的人纠缠时，要赶快跑到人多的地方或呼叫警察，还可大声呼救或跑到附近的居民家。

为了让孩子增加社会常识，耳闻不如亲见，父母应该多带孩子到外面走走，到各种场合中增长见识。所谓“读万卷书，行万里路”，在社会的大学中，孩子也有无穷的知识需要学习。父母千万不要忽视了孩子对社会知识的学习，使孩子成为不谙世事的书呆子。

## 给孩子房间，更要给孩子自由

在家里能拥有自己专属的房间，这在过去对于孩子来说连想都不敢想，现在的生活条件改善了，在孩子很小时，有的父母就会为孩子准备好了自己的房间，而且在孩子的房间里，有着最豪华的布置，让孩子在里面开心地玩乐，安心地做作业。可是父母是否会想到，孩子需要的不仅仅是形式上独立的房间，更要有属于自己的、自由的遐想空间。

小轩刚上小学一年级，父母就给他准备好了属于他自己的房间。可是，小轩从学校回到家中一进自己的房间，妈妈就开始对他提出要求，不能看动画片，不能玩玩具，先做作业，再做布置的课外练习。

小轩的学习空间有了，但其他自由都没有了。小轩虽然很不情愿妈妈的做法，但敢怒不敢言。

和成年人一样，孩子们需要有自己可以支配的时间，有自己能自由玩耍的空间。如果时间上全由父母安排，行动上也由父母控制，孩子的事情全由大人包办，孩子只是去执行，那么孩子的自主性就永远不会培养出来。

有一位明智的家长，在孩子很小时就每天给孩子自由支配的时间。在这段时间里，孩子可以做自己喜欢做的事情。孩子有时玩，有时读自己喜爱的书，有时画画。当然，有时可能是忙来忙去，什么也没干成。但孩子逐渐懂得了时间的宝贵，学会了自己安排时间和计划。

实际上，孩子也是独立的个体，也有自己的观点和判断。也许他们的生活经验还不足，在生活中会犯一些错误，但孩子犯错误是可以理解的，也是必然的。孩子在成长的过程中需要吸取教训，积累经验。如果不给孩子自由发展的空间，孩子没有足够的实践，那么将来需要做自主选择时，就很可能会束手无策。

意大利教育家蒙台梭利的“精神胚胎”学说认为：胎儿在母体中形成的那一瞬间，就有一种内在的东西，这种东西将在儿童一出生就知道儿童如何发展，知道儿童去抓什么，去摸什么……这种东西就是“精神胚胎”。这种学说听起来或许有些先验论的神秘色彩，但它却科学地指出了儿童成长的特征。做父母的常常以自己的思维模式、用想当然的育儿模式去规范孩子的行为，以为这样做就是对孩子负责，其实这种爱往往会误导孩子走向一条相反的路。

现在的父母给孩子倾注了太多的爱，这种爱有时会在孩子四周形成一道厚厚的屏障，压制了孩子的自由活动。父母为孩子费尽心血，对孩子寄予太多的希望，无非就是希望孩子将来能在社会上立足，能够成就一番事业。可什么样的孩子能适应将来竞争激烈的社会？是在父母怀抱里长大的孩子，还是所有事情都由父母包办——毫无主见、毫无个性的孩子？都不是。每个父母都明白这个道理，可实际做起来时又总是对孩子管束太紧，舍不得放手，哪怕是很短的时间。为什么我们现在的物质条件和教育条件越来越好，而孩子的自主意识和创新精神却越来越差呢？原因很简单，父母给孩子的独立机会越来越少，这自然会影响孩子自主能力的提高。美国心理学家戴尔说得好："孩子需要一定的空间去成长，去实践自己的能力，去学会如何应付危险的能力。不要为孩子做他自己能做的任何事情。如果父母做的过多，那就剥夺了孩子发展自己能力的机会，也剥夺了他们的自立与自信。"

父母应该给孩子一个独立的、可以自由活动的小房间或者小角落，这个属于孩子的空间，也应该让孩子自己来建设，包括选择书桌、书柜、玩具、图书、装饰品及各种学习用品等。允许孩子在自己的空间里做一些自己感兴趣的事，比如养几条小金鱼、养几盆花等。只要孩子能够独立地支配自己的小天地，他们就会觉得自己是自己的小主人。

在现代，每个父母都应该懂得：孩子是一个独立的个体，是作为一个独立的人而存在的。父母应该尊重孩子的独立与探索意识，不要把孩子禁锢在自己的意识里。

## 不强迫孩子做他不愿意做的事情

现代职场上的能力竞争，让许多年轻的父母备感压力，不只是为自己的未来担心，还为孩子的未来担心。"不要让孩子输在起跑线上"这句流行语更让年轻的父母们背上了沉重的包袱。所以，社会上涌现出各类辅导班，做父母的在儿女的智力投资上更是不惜一切。

但随着孩子一天天长大，他们也开始用已有的知识思考这个世界，思考所遇到的每一件事情，并逐渐产生了自己的想法和观点。父母和孩子的世界确实不同，但孩子在成长的过程中，却一直在向父母靠近。他们对父母的世界发表意见和想法，说明他们有了独立的思考能力，这是非常可贵的。

这个时候，父母应该尊重孩子的想法、理解孩子的心情、倾听孩子的诉说、不强迫孩子做他不愿意做的事情，在孩子想要发表自己的想法和观点时，给予必要的尊重。父母的尊重不仅可以进一步提高孩子的思考意识和表达能力，还可以通过倾听孩子的观点，发现和了解孩子的真实想法，从而纠正孩子成长过程中的一些错误思想。

父母千万不要忽略或者压制孩子的想法，逼迫孩子去做家长认为对的事情，不要总是按照自己的思维方式来要求孩子做事情，要倾听孩子所说、所想、所求，允许孩子把自己的想法表达出来。

有一个小学生，父母要他学钢琴。每天下午放学，他必须先练一个小时钢琴，然后做功课。星期天也不例外。但孩子对弹琴没有一点兴趣，也没有一丝的天赋，他看见钢琴就厌恶，甚至多次拒绝弹琴，但父母却不顾孩子的意志，一定要孩子学，并且严令："你已经学了两年了，花了那么多钱了。你应该争气，把琴学好！今后每天不弹熟练习曲，就不许出去玩！"

孩子无奈，为了断掉父母要他学琴的念头，有一天在放学回家时，他竟咬牙用石头砸断了自己的一根手指。

父母想让自己的孩子未来成为一个卓越人才的心情是可以理解的。然而兴趣是因人而异的，绝不能由父母来主观决定或强加于孩子身上。在幼儿时期，做父母的可以鼓励孩子学习和接触各种事物，如画画、写字、弹琴、跳舞、武术等，启发孩子的兴趣，让他们自己产生学习的要求。只有当孩子们自觉地愿意学习时，他们才能把坐在桌前画画、写字、坐在琴凳上弹琴当做一件乐事，一两小时还嫌少。他们的学习也才会进步。

反之，没有自觉的要求，即使可以强迫一个时期，也不可能持久坚持下去。这是因为一个人不论做什么事情和学习什么东西，只有当他把自己的身心都投入到那件事情上时，才能做好或学好。

所以，做父母的绝不可以滥用自己的权威，强迫孩子做他们不愿做的事。哪怕是好事，父母的要求是正确的，也只能耐心地开导，绝不能一意孤行。

可能有的父母也很想尊重孩子的想法，不强迫孩子去做一些事情，但又不知道怎样去做，这时，父母可以试试下面的方法：

第一，尊重孩子的意愿，给孩子一个自由选择的机会。

尊重孩子，让孩子有选择的权利，并且在尊重的基础上给予正确的引导。

第二，父母在决定之前，先听听孩子的想法，尊重他的选择。

现在的父母都希望自己的孩子兴趣广泛，多才多艺。如果想让孩子学习，就得先接触，再观察，必须是孩子自己喜欢的才行，如果让孩子学习的太多，不但学无所成，反而会挫伤他学习的积极性。

第三，父母要有足够的耐心去倾听孩子的想法。

不要压制孩子的想法，要给他足够的时间和空间，让他展示自己。当孩子有想法和意愿向父母倾诉时，父母要认真地对待，不能敷衍了事。

总之，做父母的不能强制要求孩子去做自己认为是可行的，但孩子却极力反对的事，如果父母真的要强行把自己的意愿加到孩子身上，无异于是在害孩子。

# 第五章 蹲下来和孩子建立同理心

同理心是由人本主义大师卡尔·罗杰提出的一个心理学概念，它指一个人对于他人感觉、情感和愿望的关注程度和敏感程度。要求家长和孩子建立同理心，不仅仅指家长要站在孩子的立场来看待问题而且要用自己的心去感受和体会孩子的情感，不要带有自己的感情好恶甚至价值观，这是家长理解孩子的内心世界，发现孩子的真实想法，从而采取恰当的教育方法的有效途径。

# 给孩子必要的理解和尊重

许多父母认为，孩子一长大就不听话了，其实这是一种偏见，一种曲解，如果父母能站在孩子的角度上想问题，与孩子多沟通、多交流，就不会有这种认识了。

其实，亲子沟通最重要的是相互理解、相互尊重，而实现相互理解、相互尊重最有效的方法是换位思考。

一位很懂得教育方法的妈妈从儿子的成长中体会到：在家中，对于孩子所提出的问题，父母能站在孩子的角度来处理，就能顺利解决。而且，能使家庭关系变得和谐；有事与孩子商量，是给孩子以尊重，从而使孩子懂得尊重别人，并学会用商量的办法去对待父母和他人。

有一天，上小学的儿子对妈妈说："和您商量一件事。"

"好啊！妈妈洗耳恭听。"

"过两天学校要组织春游，要坐车、买门票，天这么热，还要买点儿饮料。您能不能给我50元钱？"儿子捏着手指算着。

"可以。"妈妈毫不犹豫。孩子出去玩，给点儿钱是应该的，何况他的理由那么"充分"。

儿子看妈妈这么痛快，来了精神进一步说："您可能好久没去公园了，里面许多地方都要门票，您能不能再多给我20元钱。"儿子"得寸进尺"了。

看他那认真的样子，妈妈觉得这个理由也能接受，于是又答应："好吧！”

儿子看自己的“游说”成功，情绪更高了接着说：“要不然，您再加20元，给我90元钱算了，万一有同学带的钱不够，跟我借呢！”

这话也有道理，看他那费劲的样子，妈妈改变“战术”，“以攻为守”了：“这样吧，我给你100元，由你自己支配，节约归己，好不好？”

“真的？OK！您真是个痛快妈妈！”儿子喜出望外。

出乎这位妈妈预料的是，这次春游儿子只花了80元钱，用来买门票、交车费。儿子的班主任告诉她：“这次春游，你儿子什么都不买。中午吃饭时，大家都去买饮料，他也不去买。我们问他为什么，他神秘地告诉我‘节约归己’。”

她后来听儿子说，许多同学买吃的、喝的，春游变成了“吃游”；还有的同学把剩下的钱买了小飞机，10元钱一架，一会儿就飞丢了好几架，多可惜呀！

从儿子幼儿时期直到高中时代，这位妈妈一直用“商量”的办法同他相处。“商量”使母子间增进了感情，避免了冲突和对抗；“商量”使儿子学会了从别人的角度来观察事情，思考问题，学会了民主和平等、尊重和友谊。

孩子的内心是个独立的世界，这个世界蕴藏着极大的潜能。潜能的开发要靠个人努力，更要靠父母的尊重、赏识和肯定。父母应当相信，孩子的世界会比自己的世界更辉煌，因为他们属于未来。有了这样的认识，才能平等地面对他们，真正地尊重他们，由衷地赞美他们，他们才有可能以自己的健康成长来回报父母。

在家庭里，像这位妈妈一样，把孩子看做是与家庭其他成员一样平等的人，用“商量”的办法同他相处，这在中国很少见，但是在很多西方国家却很普遍，一位在瑞典工作了3年的中国人对此有着很深的体会。

他的瑞典房东达卡先生就是一个很懂得教育孩子的人。当他第一次去他家的时候，达卡先生 9 岁的小儿子就热情地向他打招呼："中国叔叔，你好，我是克里。"他很奇怪，问克里："你怎么知道我是中国人？"克里顽皮地一笑："我不仅知道你是中国人，还知道你和猴大仙是好朋友！"

原来，当他打电话给达卡先生，想要租住房子的时候，达卡先生专门召开了一个家庭会议，征求全家人的意见。克里听说是个中国人，便说："他知道猴大仙吗？如果他不知道就不要租给他了！"克里那段时间被英语版的《西游记》吸引住了。孙悟空在这部英语版的片子中被翻译成了猴大仙。达卡先生马上打电话跟他求证。这让他莫名其妙，他夸张地回答："我不仅认识猴大仙，我们还是朋友呢！"这样达卡先生一家才同意把房子租给了他。

达卡先生对孩子意见的重视程度很让我们惊讶。因为即使在我们一些比较民主的家庭里，孩子的意见也只是听听而已，根本不受大人重视。烦了，父母会说："这是大人办的事，小孩子懂什么！"而达卡先生则说："即使是一只小鸭子，它也有叫的权利。"

父母应当平等地对待自己的孩子，真正地尊重他们，由衷地赞美他们，这样他们才有可能以自己的健康成长来回报父母。

## 孩子希望得到与父母的争辩权

按照中国的传统，父亲在家里就是有最高权威的人，父亲的话就是圣旨，孩子必须无条件服从。

其实，让孩子"听话"的背后，掩藏的是成年人的权威心态，父母希望能保持自身的权威，从而得到子女毕恭毕敬的尊重。作为子女，当然应该以“孝”为先，尊重家长；但尊重是相互的，反过来说，身为父母也应该尊重子女，这是增强和保持亲子关系的关键。现实的状况却是：父母受到子女的尊重，如果孩子稍有点不尊重的语言和行为，很多父母就接受不了了，如果孩子争辩、犟嘴，那简直是“叛逆”，脾气不好的父母甚至会采取一些惩罚性行为。

可是孩子为什么要和父母争辩犟嘴呢？这是由于父母不尊重他们的意见和想法，让孩子忍无可忍。所以，孩子和父母争吵的根源大多还在父母身上。

父母要以平常心态看待孩子的争辩，尊重孩子的人格和争辩的权利，说服而不是压服孩子：如果孩子说得有道理，就按他们的意见办，那么就有利于亲子关系，也会使孩子对父母口服心服。因此，聪明的父母考虑的是如何应对孩子主动发起的辩论，而不是如何让孩子言听计从、不作一声。

尊重孩子的争辩权，其意义不仅至此。德国心理学家经研究得出的观点是：能够主动与父母进行争辩的孩子，在以后会比较自信、有创造力和合群。汉堡心理学家安格利卜·法斯博士研究证实：“隔代人之间的争辩，对于下一代的姑娘和小伙子来说，是走上成功之路的重要一步。”这位著名的德国心理学家认为，争辩对于孩子的成长有如下的作用：

**1. 有助于找到界线**

一位母亲劝她 9 岁的儿子说：“等我们吃完了再去干。”可儿子生气地把椅子往后一推，顶了妈妈一句：“为什么？我还有些事要做，比坐在这里要好。”你来我往，母子俩就争了起来。

安格利卡·法斯博士分析认为：儿子这种有目的的挑衅是在试验他能力的极限在何处。在这个倔头倔脑的阶段，同父母拌嘴能使孩子有机会学会估量自己，争辩是他们摆脱茫然状态的一个途径，可以使他们知道自己的能力和界限在何处。

**2. 形成自我意志**

法斯博士说："争执能帮助儿童变得自信和独立。在对抗中他们感觉自己受到重视，知道怎样才能贯彻自己的意志。"争执也表明孩子正在走自己的路。"他们注意到，父母并非总是正确的。提出并且坚持自己的意见，这是多么重要！"

**3. 训练辩论技巧**

11 岁的王勇想让妈妈买一条牛仔裤，但是妈妈反对。妈妈说："你不是还有裤子穿吗？"王勇反驳说："隔壁的李凯也有裤子穿，可他妈妈给他买了两条呢！"结果，王勇获胜了。

通过与妈妈争论学到辩论的艺术。孩子日后在职业中一定会发生争论，所以孩子早期与父母的争辩对他们的将来是有益的。

## 多从孩子的角度看问题

在人际交往中，要实现良好的沟通，就要站在对方的角度考虑问题，站在对方的角度去理解他的内心感受，站在对方的角度去说好每一句话。在教育孩子的问题上，这一点也很重要。

《庄子》中有"子非鱼，安知鱼之乐"。如果不从对方的角度看问题，看在我们眼里的或许和事情的真相有着本质的区别。

对于孩子的教育也是一样的，对同一个问题，父母和孩子的看法很可能不一致。在孩子那儿正常的一句话、一个动作、一个行为，到了父母眼里很可能就变得完全不正常了。现实生活中，往往总是这样，父母有父母的苦心和坚持，孩子有孩子的委屈和想法，父母和孩子之间实现有效沟通变得越来越困难。

这样的事是很多的，即，本是同一件事，可父母与孩子一张口就说“拧”了，比如：

一天上学路上，女儿坐在车里，突然略带得意地跟妈妈说道：“妈妈，前面那辆是江苏的车。”妈妈一看，“苏B”开头的，便回了一句：“这谁都知道！”

刚说完，女儿脸上的兴奋劲就没了，头低了下来，很明显是不高兴了。小声嘀咕道：“我又看不懂车牌的含义！我只是看到上面的‘苏’字，想起老师教过，‘苏’是‘江苏’的简称，所以才猜那辆车是江苏的。跟你说是想确定一下，可你……”

其实，很多时候父母与孩子之间的问题，并不是对与错的原则问题，只是因为双方站在了不同的角度，所以看到不一样的风景。父母要想真正了解孩子，就要学会多从孩子的角度看问题。

首先，要调整好自己的情绪。

田女士带着儿子参加一个夏令营，想借助这个机会，增进一下母子关系。可是她没想到的是，孩子在第一个活动环节就和自己作对。原来为了让孩子们互相熟悉，老师让孩子们玩“开火车”的游戏。田女士注意到，儿子信心十足，当起了“火车头”，玩得很开心。可是没多久，儿子突然站着不动了，后面的小伙伴也跟着停了下来，不管大家怎么催促，儿子就是站着不动。

田女士的脾气一下就上来了，走到孩子身边，批评道：“你怎么不听老师的话？大家都催你呢，怎么一点儿反应也没有？”因为在气头上，田女士的语气很不好，儿子脸上的笑一下子没了。

这时候，老师过来了，笑眯眯地摸摸田女士儿子的头，安慰了两句，儿子这才重新笑了起来。

“现在可以告诉老师为什么停下来吗？”老师问。

“报告老师，我没油了！”儿子大声地回答。

“好，老师现在给你加油！”老师做了一个加油的动作，“现在可以开动了吗？”

“报告老师，马上出发！”

就这样，儿子带着小朋友们重新开心地奔跑起来。

没有什么车是可以不用加能量一直跑下去，这是每一个成年人都懂得的道理。可是为什么当扮演火车的儿子做出这么合情合理的动作时，反而受到了妈妈严厉的批评呢？答案很简单，妈妈先入为主，用自已的评判标准对孩子做出了错误的评判。

由此可见，当与孩子相处的时候，如果孩子的一些语言和行为让父母觉得奇怪的时候，不要急着质问或发脾气。要时刻提醒自已，孩子是一个独立的个体，他有自己看问题的角度和方法。控制好自己的情绪，静下心来，好好听听孩子的想法。

其次，父母要学会从孩子的“高度”看问题。

李女士和大多数女性一样，热衷逛商场。儿子没人带，所以她每逢周末都领着儿子一起到商场购物。可是她发觉孩子逛一会儿就哭着闹着要出去，而且每次都是这样。商场有那么多琳琅满目的商品，还有很多可爱的毛绒玩具，为什么儿子不愿意逛呢？李女士纳闷不已，有时候儿子一哭她就特别生气。

直到有一次，她在商场里蹲下身来给儿子系鞋带，才终于弄清楚孩子为什么不愿意逛商场：原来站在孩子的高度，看到的不是琳琅满目的商品，而是满商场来回晃动的人的大腿。谁又愿意在这样的环境待上几个小时呢？从那以后，她每次逛商场都把儿子抱在怀里，儿子也不再哭喊着要离开了。

父母要学会从孩子的高度看问题，这里说的“高度”，不仅仅是身高，还包括思想的高度。父母是成年人，学习了不少知识，加上丰富的人生阅历和人生经验，对很多现象、问题都有自己独到深刻的看法。但是孩子不是，孩子的人生才刚刚开始，很多事情在父母眼里根本不值一提，对孩子却可能是个难题。

所以我们说，父母不仅要蹲下身来和孩子说话，还要保持童心，多从孩子的高度去看问题。

从孩子的角度看问题，基本是要求父母要等同于孩子，比如：

“妈妈，我们今天考数学了。”

“是吗？这回得了多少分？”

“82 分，比上次高 10 分呢。”女儿有几分骄傲地说。

母亲似乎并没有察觉到女儿的心思，接着说：“你努点儿力行吗？”

“你凭什么说我没努力？比上次提高了 10 分，老师还表扬我进步了呢，就你总是不满意。”女儿生气了，她提高嗓门喊了起来。

“你怎么这么不懂事，我这不是为你好吗？你看看你，就算提高 10 分也比人家扬扬差，一点儿也不争气！”

“我怎么不争气啦？你嫌我丢你的脸是不是？人家扬扬好，那就让她做你的女儿好啦。”女儿气冲冲地走进自己的房间，“砰”的一声把门关上了。

本来是一件值得开心的事情，却因为母亲不懂得从女儿的角度去看问题，闹得不欢而散。对于孩子来说，每一次进步都是值得骄傲的，都是她努力的回报。父母要是懂得站在孩子的角度去看问题，给的应该是赞美和鼓励，而不是讥讽和批评。

站在不同的位置会看到不同的风景，处于不同的立场会产生不同的观念。孩子希望能从自己的角度看问题、理解自己、体谅自己的父母。因此，生活中，父母要学会换位思考，多从孩子的角度来看待问题、分析问题，只有这样才能有效地解决问题。

## 与孩子做近距离的交流

所谓做近距离的交流，就是父母对孩子不是下命令、作指示，而是坐下来和孩子面对面地聊天，就孩子关心的话题和他交流。

既然是交流，就必须“你来我往”、“有说有听”。这时候，有的父母就会感到苦恼。既不能否定孩子的说话内容，又不能对他说教、讲道理。除了听孩子说，父母还可以讲些什么呢?

其实很简单，只要在聊天的时候把孩子当成朋友，就不愁没有话题了！可以聊孩子，也可以聊自己，特别是聊自己，孩子一定是想听的。

孩子都是喜欢听大人的故事的，当故事的主角是自己的爸爸、妈妈、爷爷、奶奶、老师时，尤其是听到这些“高高在上”的大人也有丢脸、考试不及格、被处罚的经历……他们通常都会目瞪口呆，听得极为专心。

别担心自己的经历会让孩子把自己看扁了，事实上，发现大人也有脆弱的一面或出丑的过去，往往能在一瞬间拉近父母与孩子之间的距离，而让孩子视父母为伙伴，对父母无话不说。

一位颇有教育经验的语文老师经常在学生面前讲他小时候的故事。这位老师在小学三年级的时候，因上课偷吃巧克力被老师发现后罚站了半节课，这事被妈妈知道后又被骂了一顿。每当他极尽所能地形容当时的自己是多么丢脸、困窘时，学生们总是会投以理解、同情的目光，彷佛故事中“高高在上”的老师就是他们的化身，他们完全能理解老师当时的感受。

因此，学生们在写作文的时候，就可以大胆写出自己的心声，描述自己最难忘的教训，一点也不隐瞒。原因很简单，孩子们会认为，一个与他们有着同理心的老师绝对不会取笑他们，所以他们可以放心倾诉。

在教育孩子时，父母可以跟孩子分享自己的故事：忘记写作业、上学没带书、考试没带笔、跟爸妈吵架、说谎被识破、作弊等，让他们分辨是非。

无疑，父母小时候的经历，是劝诫孩子最好的例子，这比说什么大道理都有用。当孩子已经把父母视为朋友时，就要把握机会，让孩子从父母的故事里学习解决问题的方法。

孩子对大人的故事总是印象深刻，多跟孩子们讲讲自己的故事，会拉近与孩子的距离，把大道理和实际相结合，本来严肃的说教就不会让孩子产生排斥与乏味的心理了。

与年纪大一些的孩子沟通时，父母也可以给孩子讲讲自己或身边普通人的故事，让孩子能够从别人的故事里了解生活的欢乐和艰辛，学到生存的策略和智慧：这是一种“认识自我”的智慧。这样可以让孩子发现人生的目标多种多样，幸福也是多种多样的，有助于提升孩子的抗压性，使孩子获得一种应对挫折的智慧。

有许多父母对孩子的成长抱着“只许成功，不许失败”的心态。所以，在他们的故事中往往只谈成功者的人生，不愿谈失败者的人生。这样只会增加孩子的压力，而失去了听故事的兴趣。如果父母想激发孩子的进取心，鼓励孩子勇敢地面对失败，最好多讲讲如何从失败、挫折中站起来的故事。也可以引用一些名人勇敢面对失败、最终取得成功的故事，这样更能得到孩子的共鸣与认同。

因此，在和孩子做近距离沟通时，父母最好站在朋友的立场上。想想看，如果是孩子的朋友，会用怎样的语气跟他聊天？忘掉长辈的身份，用朋友式的口吻和语气跟孩子讲讲自己的故事，不要总是在聊天中将自己勾画的人生强加给孩子，或者非常明显地命令孩子要如何如何去做，这样只会让孩子觉得反感与不自在，也会让原本随意的聊天变得十分拘谨。

此外，父母在与孩子做近距离交流时应注意几个细节：

1. 父母要注意控制情绪，不要把聊天变成吵架；

2. 父母在与孩子的交流过程中要多听少说，只有多听孩子的想法，才能了解孩子的真实感受，才能帮助解决孩子所遇到的问题；

3. 父母要多鼓励孩子说出内心的想法，但要注意的是，不能妄加评论，否则沟通很难进行；

4. 父母多站在孩子的角度去看问题，以求了解到孩子切实的感受；

5. 父母多给孩子灌输积极的思想，无论发生了什么事，孩子有多么不开心，都要让孩子看到好的一面，向积极的方向去引导他。

总之，父母与孩子做近距离的交流，要注意放下“家长”的架子，与孩子做平等的交流，多听建议，少做批评和要求。

# 父母要蹲下和孩子说话

蹲下和孩子说话不是指说话时的姿态，而是指父母要与孩子在平等的氛围下谈话或聊天。在这种对话方式下，孩子更愿意和父母讲心里话。

父母与孩子在人格上是平等的，孩子也有尊严。不要把孩子当作是自己的私有财产，放下家长的架子，多与孩子交流，是很有必要的。只有真正平等地与孩子进行对话的时候，才能真正理解孩子的想法和需要，才是真正地尊重自己的孩子，才能帮助孩子健康成长。

有许多父母认为：我辛辛苦苦上班供他读书，还要怎样？这是现实生活中普遍存在于父母之间的心态，但仅有这些够吗？静下心来想一想，父母每天与孩子交流的时间有多少？倾听孩子的心声了吗？答案大多数都是不令人满意的。

放下架子来和孩子交流，蹲下身来和孩子平等对话，是父母很有必要做的事情。很多时候孩子试图与家长交流，往往被父母粗暴地拒绝，孩子想解释犯错的原因，却被父母斥责一顿，父母经常沉浸在成年人的交流世界之中，却很少走入孩子的世界，也许这就是孩子不愿与父母交流的原因吧。现在的报纸杂志上时常报道有关发生在孩子身上的悲剧事件，各位父母看到这些，除了痛心外，一定也会有所警示！

王先生是一位大企业的经理。他把企业经营得很好，与部属的关系处理得也很好，但与儿子却有着尖锐的对立。在家里，他对儿子很少有笑脸。小的时候，儿子由于屈服于他的“高压政策”而表现得服服贴贴。但长大了，读初中了，王总还是用这样的教育方式来教育儿子，这让父子关系骤然紧张了起来。

对此，王先生也深感不安。于是，他委托做教师的一位朋友来开导他的儿子，这位朋友来到他家并没提是来做说客的，而是与他儿子交上了朋友，说是自己有一篇作文让他从中学生的角度给评一下，可孩子警惕地瞟了一眼，又规规矩矩地坐着没动。朋友见这样没有效果，于是就以与他玩闹的态度讨论一些与学习有关的趣话。一连三天晚上朋友都这样与他交流。

到了第四天，孩子终于消除了警惕。他敞开心扉向他倾诉爸爸对自己的严厉，说他爸爸平时都是黑着脸，很少和自己说话，有事也不和自己商量，经常代替自己做主。只要自己稍微做错了一点事就会被臭骂一顿。说着说着孩子眼里就有了委屈的泪花。他说自己已是个大人了，最大的愿望就是要求大人给他一点平等对话的机会，不要再给他那样大的压力。

孩子最后一句话，令朋友心中一颤：现在的孩子，学习任务十分繁重，压力已经够大的了，但有多少家长能理解孩子的压力呢？有多少父母在孩子学习成绩不好或做错了事的时候，会给他们平等对话解释的机会呢？孩子也需要理解，孩子也需要尊重。对孩子来说，唯有了宽松的生活环境，才会有一个轻松健康的学习心态。

这次交流之后，朋友找到了王先生，说要想让孩子的学习成绩和父子关系好起来，惟一的办法就是放下当家长的架子，多和孩子平等对话，王先生听后若有所思，也感觉自己的教育方式出现了问题。后来经过一段时间的努力，他一改以往严厉的态度，有事就和孩子商量，了解孩子的想法，孩子出了错也和颜悦色地分析和说理。渐渐地，随着父子关系的融洽，孩子的学习成绩也慢慢好起来了。

在现实中，不同的父母对待孩子的态度各不相同。“家长”型的父母，不允许孩子有自己的想法，而且强制孩子执行自己提出的要求。对于这样的父母，孩子只能是父母怎么说他们就怎么做，完全没有了自己的想法。想想看，这样对孩子的成长是多么大的压抑！

如果父母只采取简单、粗暴的手段强迫孩子服从，对孩子的意见置之不理，唯我独尊，危害是很大的。父母并不理解孩子的内心需求，也不能给孩子一定的空间，会给孩子的发展带来不良影响。不听孩子的意见，不允许孩子倾诉自己的想法，不能真正地和孩子心交心的沟通，就不是真正地爱孩子。

但是生活中也不缺乏民主型的父母，他们既不把自己的意志强加给孩子，也不会听任孩子的所有要求，常常是通过讨论、谈话，把事情讲清楚，然后与孩子共同做决定。这样的父母，跟孩子的关系更像朋友，彼此能够信任和尊重。在这样的父母面前，孩子是自由的、平等的。同时，也保证了孩子不会任性，不会放荡不羁。为了营造和睦、信任、平等的家庭教育氛围，父母不妨多听听孩子的意见和想法，与孩子展开平等的对话，这样能极大地鼓舞孩子的自信心，更利于孩子的成长。

## 不要总是和孩子讲大道理

当孩子有问题寻求大人帮助解决时，或孩子的表现出了问题，父母要过问时，都要讲究方法，以免把事情搞得更糟。

从心理学角度讲，“自己人效应”是指人们对“自己人”所说的话更信赖、更易接受。在教育孩子的问题上，“自己人效应”告诉我们，要使孩子接受父母的想法和意见，那就必须与孩子保持“同理心”，让孩子把父母当成自己人，这样才能使教育达到事半功倍的效果。

当父母与孩子沟通时，父母要有效利用“自己人效应”，让孩子体会到父母是他最亲近的人，父母是理解他的，父母是真正为他好的，这样一来，他才愿意和父母吐出心声，父母也更容易走进他的内心世界，他也才会更容易接受父母所说的话。

但是，在平日里，父母很难和孩子建立起“自己人效应”，在对孩子进行说教时，已经把自己与孩子先对立起来了，这让孩子根本体会不到父母是他的自己人，结果使父母与他产生越来越大的距离和隔阂，更谈不上很好地沟通，自然也起不到很好的教育效果。

一天，11岁的刘洋放学回到家，把书包一丢，气呼呼地说：“今天真是气死我了，就因为我迟到了两分钟，老师就不让我做早操。”

妈妈说：“迟到两分钟也是迟到，因此你没理由生老师的气，这本来就是你的错误，如果你不迟到，那就不会发生这样的事情了。”

刘洋争辩道：“妈，你是不知道，老师让我站在一边，所有同学都用异样的眼光看着我，真是丢死人了，这些都是老师害的。”

妈妈说：“这时候知道丢人了，知道丢人就不应该迟到，你还有脸怪老师，要怪就怪你自己。”

听到妈妈不理解的话语，刘洋更觉得委屈了，大声喊道：“你就知道说我，一点儿也不把我当回事，一点儿也不考虑我的感受。”

说完，刘洋就气冲冲地跑出了家门……

从常理讲，当孩子受到了委屈，他需要得到父母的同情与理解。然而，刘洋的妈妈却说了一大堆不理解他的话语，他的委屈不但没有减缓，反而加剧了。可见，当孩子受委屈的时候，父母对他进行说教，他是不会心平气和接受的，只会火上浇油，这让他无法释怀内心的委屈，可能会造成更深的心理创伤。

其实，刘洋的妈妈完全可以这样说："那一定让你很难堪，妈妈能够理解你的心情。"当妈妈对刘洋的委屈表示认同时，他的情绪就会得到缓和。这时，妈妈再加以适当的开导，比如可以说："你的心情妈妈能理解，老师让你站到一边，也是让你记住这次教训。如果你以后可以提前到达做早操的地方，就不会发生这样的事情了，妈妈相信你可以做到的。"

因此，面对受到委屈的孩子，我们不要急着给他讲大道理，更不要指责或批评他，而是应该安抚、理解他，体会他内心的愤怒和无助，让他的情绪得到释放，让他的委屈得到缓解。那么，做父母的此时该如何去做呢？

**1. 耐心倾听孩子的诉说**

孩子的内心世界是复杂的、敏感的，也是稚嫩的。这时候，孩子希望对最亲近的人倾诉，而父母便成了他的倾诉对象。其实，孩子并不需要父母为他做主，替他讨回公道，而是需要父母认同他的委屈，理解他的感受。

因此，当孩子向父母倾诉他的委屈时，父母不要打断他，更不要急着讲大道理，而是应该耐心地倾听他的讲述，让他把内心的委屈一吐为快。另外，在倾听的过程中，父母的表情和眼神都要流露出对孩子的同情和理解，这样更有利于抚慰他受委屈的心灵。

**2. 理解并同情孩子的委屈**

当孩子倾诉完内心的委屈之后，父母可以这样对孩子说："那一定让你感到不舒服，我能够理解。"父母理解的言语会让孩子觉得这是正常反应，心里会好受一些。父母也可以说："你不要太伤心，一切都会过去的，我相信你。"父母安慰的言语会让孩子感到心有所依，觉得这没什么大不了的，他的委屈就会弱化。

**3. 为孩子讲清道理**

父母不要急着给孩子讲大道理，并不代表父母不讲道理，而是要注意讲道理的方式。首先，在认同和理解孩子的前提下，父母才可以给他讲道理。这样一来，孩子从心理上更容易接受父母所说的话。

其次，父母要耐心地给孩子讲道理，不要太着急，让这些道理自然而然地流入他的内心。

最后，父母讲道理是要让孩子真正明白道理，让他明白是与非，要善于用真情实感来打动和感化他，也就是晓之以理、动之以情。这样，孩子才能理解父母的用心，学会真实地表达自己的情绪，坦然面对遇到的委屈。

## 孩子希望父母能顾及到自己的感受

现代的研究表明：一个人的成功有15%来自智商，而85%来自情商。

诸如，公司老板能照顾到员工的感受，父母能照顾到孩子的感受都是情商的体现。而在彼此交往中能很好地照顾到相互间的感受又是十分重要的。

孩子最初学习与他人交流就是从孩子与父母之间的亲密关系开始的。当孩子再长大一些时，才学着去信任、交流，与家人一起学习，一起分享快乐与悲伤，与家庭成员建立牢固的关系。当孩子与别人相处时，会体验到各种各样的情绪。随着年龄的增长，孩子总会从最初与父母组成的家庭圈子里走出来，进入更广阔的世界，学会如何从别人那里得到快乐，比如从小学同学到中学的伙伴，到老师、配偶，最后到自己的孩子，这些快乐和亲情的感受都来源于父母的关爱。

在孩子的一生中，他必须能够“读懂”别人，并与很多人建立联系。这对一个正常的人来说，是一种必须拥有的社交能力。在孩子的成长过程中，这种与他人建立联系的能力会让孩子交到朋友，在不同的环境中与不同的人建立友谊关系。当孩子感到有困难的时候，他可能会向身边的人寻求帮助和安慰，并最终找到解决问题的方法。而要在现实生活中能与人建立起良好的人际关系，离不开换位思考与互相理解。父母要教会孩子明白这一点，这甚至是能与人有良好关系的前提。

那些因为日常琐事而与孩子陷入僵局的父母应该明白一个事实：与孩子发生“战争”是愚蠢的。比起用父母的权威来压制孩子，孩子有更多的时间和精力反抗父母。即使父母赢了一场，强制实施了父母的意志，孩子却变得无精打采意志消沉，甚至是反叛、懈怠。实质这样的战争并没有赢家。

父母的首要任务就是要和孩子建立联系：只要父母开始理解孩子，倾听他们的心声，就可以促成孩子令人欣喜的改变。当父母看上去对孩子的情绪和观点漠不关心时，孩子会感到失望和不满。比如：

一位爸爸坚持要女儿跟家里人一起去观看儿子的足球比赛，但是小女孩对足球毫无兴趣，因此拒绝了。爸爸非常生气，威胁说要断了她的零花钱，小女孩生气地冲出屋子，因为她觉得父亲爱弟弟更多，对自己很不公。当父亲平静下来之后，明白了女儿拒绝的理由，他希望的只是一家人愉快地外出，却没有尊重女儿的想法。女儿回来后，爸爸向女儿道了歉，承认让她和家人一起观看比赛是没有任何道理的，他同时也意识到，如果女儿最后被逼着去了，她肯定会让其他人都无法安心欣赏比赛的。

当爸爸道歉后，女儿也向爸爸表示了自己不对，没有明白爸爸希望一家人一起活动的心意，并表示愿意跟家人一同去看弟弟的比赛。

许多父母对家庭活动都幻想着一幅理想的画面，而忽略了一些负面的潜在因素，因此他们设计好的愉快目的常会因孩子的不配合而不能实现，因此说，当父母设计家庭活动时，一定要注意照顾到孩子的意志和感受。

如果让孩子觉得不爽、充满怨恨，对父母也没有任何益处，只会被孩子搞得心烦意乱。孩子有很多方法反抗父母，哪怕他们自己要付出代价。父母不让孩子开心，他也不会让父母开心。父母如果不关心孩子的感受和想法，孩子可能会觉得自己受到了虐待，不被关注，会认为自己既不可爱，也没人爱。而这些负面的情绪会让亲子关系变得更糟，陷入恶性循环。孩子的错误会被无限地放大、重复，父母的不理解、不体谅也会造成亲子间沟通以失败收场。

而那些留神倾听孩子说话的父母，能体谅孩子，善于换位思考的父母，传达给孩子的信息是：孩子的观点和想法是有理由的，是受到重视的。这样的重视会带给孩子自尊。个人价值得到承认的感觉会让孩子更有效地处理身边的事情。

能轻松地“读懂”别人，并与很多人建立联系。这对一个优秀人才，是一种必须具有的社交能力。这种能力来源的基础是对对方的理解。

应该说：所有的交往都离不开换位思考与互相理解。父母要教会孩子理解别人，而自己也要先理解孩子。

## 父母要体谅孩子的埋怨情绪

生活中，常听到有些做父母的抱怨：“我那孩子真是没良心，我们像伺候皇上一样伺候他，可他不但不领情，还时常埋怨我们这不对那不对的。”实际上，像这样的父母确实很多。因教育方法有问题，使得自己付出不少，但却不讨好，这样的结果是，父母与孩子间即使不会出现大吵大闹的情况，也总是冲突不断。

孩子是有个性的，他有自己的思想和感受，所以，在孩子自己的事情上，父母应该和孩子商量讨论，倾听孩子的意见，而不要一味地否定孩子。否则，往往会出现孩子埋怨父母，父母又觉得孩子不能理解自己苦心的情况，造成父母和孩子之间出现不必要的隔阂。

在某校门口有这样一个场景：

“爸爸，你怎么才来接我，我都等了半个多小时了。”儿子埋怨道。

“这不，我一下班就急着来接你了，你还嫌晚了，不然，你以后自己回家算了。”爸爸训斥道。

于是，父子俩相对无语，生着闷气走了……

如果做爸爸的能够主动检讨自己，向孩子表示歉意，结果就会不一样。比如：

“真对不起，等的时间长吗？爸爸下次保证准时来接你。”

相信，儿子听到爸爸这样说，不但不埋怨，反而会心疼爸爸。可见，孩子埋怨父母时，父母不要简单地斥责孩子，而是要去理解孩子，弄清楚孩子负气怨恨父母的原因，认真倾听孩子的意见和建议，听懂孩子要表达的意思，避免委屈了孩子。

比如，“我知道你对我有意见”，“你希望妈妈怎样做？”，“妈妈希望与你保持良好的关系，因此，我希望你把你的要求告诉我，而不是不停地埋怨”。

有时孩子会埋怨菜不好吃、天太热了等。父母听了往往会生气，会责怪他们挑剔，身在福中不知福。孩子呢，自然会顶撞，使得双方都不愉快。其实对待孩子的埋怨，跟他们争辩是毫无用处的。父母应该顺着他们的意见，和颜悦色地去听。这不是纵容他们，相反是为了寻求解决的途径。这样做，孩子心情愉快，又解决了问题，有什么不好呢?

有一位妈妈自己吃的是剩菜却给女儿做了新菜，女儿还说不好吃。当时这位妈妈真的很生气，很想骂女儿一顿，但是她最终忍住了。她对女儿说:“是不是太淡了，不合你的口味? 好! 等一下，妈妈重新烧一下。”女儿忙说:“妈，您别忙了，其实也可以吃的。”母女皆大欢喜。

父母应该主动放下架子，耐着性子来引导孩子处理事情，同时，努力通过情感沟通来促进亲子关系。这样，孩子就会减少埋怨，父母就能够得到孩子的理解与信任，享受到浓浓的亲情。

有一位爸爸，由于工作所限，从来没出过远门。小时候，儿子对爸爸很崇敬，因为在儿子眼里，爸爸似乎无所不知。

儿子上了中学，因为爸爸没怎么出过远门，自然见闻就很少，于是，儿子有点看不起没有见过世面的爸爸，在家里也很少和爸爸说话，有时爸爸给他买的东西不对他的口味，他还埋怨爸爸一点品位都没有。

对于儿子的埋怨，爸爸并不辩解，也不生气。他知道，辩解和生气不仅解决不了问题，而且还会恶化与儿子的关系。为了改善与儿子的关系，爸爸一直在想办法。

终于，暑假到了，爸爸正好休假，他决定利用这个假期和孩子一起去旅游，以此来改善父子之间的关系。

这天晚上，爸爸对儿子说:“爸爸想跟你一起外出走走。我没有出去过，由你带队，到哪儿去，坐什么车，住什么店，玩什么，全听你的!”

儿子惊讶得半天没有说出话来:“爸爸，你说的是真的，我没有听错吧?”

爸爸笑了，点点头说："你没有听错，这是真的。"

儿子非常兴奋，立刻找来地图、列车时刻表，精心地做旅游计划。

这一路上，买车票、找旅店、联系旅游点全由儿子去办，爸爸几乎什么事都不做。在整个旅途中，爸爸感到从没有过的轻松，儿子也感觉到爸爸的宽容与大度，感到自己以前对父亲的不恭是不对的，并主动向爸爸道了歉。

这位爸爸却一点都不放在心上，他对儿子说："儿子，爸爸不是不想出远门，但是，每个人的愿望总是不可能完全实现的。爸爸不可能完全放下工作去长见识，生活毕竟是第一位的。"听了爸爸的话，儿子对爸爸更加崇敬了。

旅游归来，儿子和爸爸的关系大为改善，爸爸对儿子赞口不绝，他对妈妈说："儿子比我强多了，有出色的组织能力和社交能力，将来肯定比我强！"

儿子则高兴地对妈妈说："我这次发现，爸爸是天下最好的爸爸，他不仅宽容我的错误，而且能够听从我的指挥！"

从此，父子俩成了无话不说的好朋友！

人与人之间总是会产生一些冲突，朋友是如此，夫妻是如此，父母与子女之间也是如此。埋怨往往是两辈人之间冲突的一种显性表现。一旦孩子出现对父母埋怨的情绪，父母一定要忍耐，要主动寻找孩子埋怨的症结，对症下药，主动解决问题，化解孩子的埋怨情绪，让孩子在和睦和愉快的环境中成长。

# 第六章 孩子想得到家人的赞美

生活中，孩子在表现优秀的时候，最希望听到父母的鼓励与肯定，来自父母的积极正面的赞美不仅能使孩子的内心得到满足，还能使孩子感受到父母发自内心的爱，从而强化孩子的正面表现，促使他努力把事情做得更加完美。

# 每个孩子都应该得到尊重

某媒体披露的几则关于学校“奖优罚劣”的新闻很发人深醒！其中一条是：某校给成绩好的学生发红领巾，让成绩不好的学生戴绿领巾；某校对违纪学生罚款，并将这些罚金用来奖励成绩优良的学生；某校实行差异化校服，红校服只有优等生穿，普通学生穿蓝色或白色校服；某校三个男孩因不守纪律被罚脱下裤子在操场上跑步……这些所谓的奖优罚劣管理措施无疑是严重损害孩子尊严的行为。

“奖优罚劣”是市场竞争的产物，能起到激励先进、鞭策后进的作用，这是管理学中一种行之有效的手段。但是，将这种机制运用到孩子的教育中，本身就是荒唐的，其结果是不但起不了鼓励的作用，还会打击孩子的自尊心。

激励先进，无可厚非，可是在激励的方法上不能乱来。要知道，每个孩子的心都是脆弱、敏感的，都是有尊严的——即使他暂时还不够优秀。而实质上，任何一所学校里的学生都不可能全是优秀的。

“让每个孩子都抬起头来走路！”这是苏联大教育家苏霍姆林斯基的一句名言。教育的核心就其本质而言，就是让被教育者始终体验到自己的尊严感。想一想，那些因为不够优秀而被人忽略或被惩罚戴上绿领巾、被罚款甚至脱裤子跑步的孩子，他们能有尊严感吗？要让所有人生活得更有尊严。孩子，同样也需要有尊严的生活！

从发展心理学的角度来看，孩子从五岁以后就已经拥有很强的自尊心，因此很容易受伤害，所以当大人以为小孩儿什么事情都不懂的时候，他们早已把情绪埋藏在心里。自尊经常受到伤害的孩子，长大后容易形成反社会的人格障碍，在人际交往中会出现很多问题。曾震惊全国的马加爵事件、药家鑫事件，追溯当事人的成长经历，其中都有童年被人耻笑的刻骨愤怒，长大后这种情绪一触即发，终于酿成大错。

相信所有父母都会从这些令人震惊的教训中得到警醒，避免犯类似的错误。

## 每个孩子都渴望被鼓励而憎恶贬毁

现实中，有许多父母总喜欢拿自己的孩子与别人比，而且是拿孩子的短处比别人的长处，父母这样做其出发点也不是源于此，而是“恨铁不成钢”的发泄，但这样比的结果却是极坏的，它会极大伤害孩子的自尊心，不利于孩子的健康成长。父母如果盼望孩子优秀，正确的做法应该是多赞美、多表扬。

对此，有专家指出，这是最典型的“心理偏盲”现象，人们喜欢对身边的人和事选择性地记忆和评判，家长在教育孩子时要控制“心理偏盲”带来的负面影响，少拿孩子进行攀比。

《明史》中有一段关于大学士张居正成长经历的描写。张居正小时品学兼优，因此成为乡里同龄人的榜样。其中有一位小王爷，因不务正业常遭其母责骂：“你看人家张居正，样样比你强，再看看你……”因此，小王爷记住了这个名字，且怀恨在心，等他长大了，便倚仗自己的权势将张居正的亲人加害致死，这正是源于他童年的嫉妒心理而导致的恶果。

回到我们的现实中来，震惊豫南的“‘11·21’投毒杀人案”更是为人们敲响了警钟。

据投毒者供述：他与被害人既是同村人，又是同学。被害人学习成绩优秀，自己的学习成绩一般，家长常拿被害人与自己做比较，他很烦，慢慢就产生了要让被害人“从地球上消失”的念头。

发生这样的悲剧令人痛心，两个年轻的生命，还未来得及绽放就这样凋谢了。一个人有这样的动机和念头与父母平时的教育有直接关系，孩子内心没有形成正确的评判机制，而导致心理的扭曲。

这些都是血的教训，不能不引起每个做父母的深思。正所谓尺有所短，寸有所长，每个孩子都有其优秀的一面，父母不能只盯着孩子的短处，而对孩子的优点视而不见。我们相信，所有的父母拿自己的孩子和别人的孩子做对比的时候，出发点都是好的，希望孩子能从“比较”中有所警醒，能够奋起直追。但是事实告诉我们，结果并非如我们所愿。这样做的害处是巨大的，它表现在：

**1. 不利于孩子自尊心的培养**

父母在拿自己孩子的弱项和别的孩子的强项对比的过程中，无形中是对孩子的一种否定。长此以往，容易让孩子变得不自信，觉得自己真的不行。

**2. 会让孩子形成攀比心理**

尺有所短，寸有所长。正所谓“人外有人、山外有山”，如果孩子养成了和别人攀比的习惯，将来走向社会后，面对形形色色的不公平和差距，失落感会伴随孩子一生，那将是一件既痛苦又危险的事情。

再有，如果孩子一味地接受批评和指责，父母把孩子的短处一遍遍地拿出来和别人比较，这其实也是对孩子的一种打击，很容易让孩子放弃努力，自暴自弃。

也许有的父母会对此非常不解，觉得孩子们之间进行比较是很正常的事情，如果孩子在某些方面不如别的孩子好，父母还不能说说了？其实怎么比，也有一些小技巧。父母们在比较的同时，切不要忘了对孩子自尊心和自信心的保护和培养，多给他们以赞美和鼓励，这样做无疑是非常有益的。

**1. 拿孩子的现在和将来比**

父母可以把孩子最近的表现和过去做一个比较，如果孩子现在比以前有了进步，一定要对孩子进行肯定和表扬。要知道，孩子很在意父母对自己的看法，父母的表扬，对孩子有很大的鼓舞，尤其是对于那些经常得到父母批评的“差孩子”，适当的表扬和肯定，也许是孩子转变的契机。

父母可以和孩子共同制定一个合理的目标。如果孩子没能达成目标，父母可以帮孩子一起分析原因，有针对性的进行攻克。当孩子达到目标时，如果能得到父母的肯定，那一定会给孩子很大的信心，孩子也会从比较中体验到幸福和快乐，使孩子有勇气去迎接更大的挑战。当孩子获得一个个“成功”的时候，离优秀也就不远了。

**2. 在比较中多鼓励**

父母多一点鼓励的技巧，能让孩子更好地朝着好的方向发展。父母可以多抽出点时间来陪孩子，如果发现孩子在某一方面取得了哪怕是点滴的成绩也要给予表扬，让孩子有被重视、被尊重的感觉。不管什么时候，都不要忘记对孩子进行鼓励，即使孩子在某些方面做得还不够好，也不能让孩子失去奋进的信心。

由此可见，父母拿自己的孩子和别人比不是完全不可以的，正确的做法应该是：用一种平和与公正的心态对待孩子的优缺点。不要拿别的孩子的优点跟自己孩子的缺点比，要看到自己孩子的优点，别忘了给孩子鼓励和赞扬；也要正视孩子的不足，积极引导，帮助孩子提高。

# 父母要经常肯定自己的孩子

孩子能不能做好他要尝试的事，父母对他的肯定起着十分重要的作用。

凯利从小就喜欢唱歌，他每天利用一切机会练习唱歌。有一天在帮邻居割草的时候，看着碧绿的草地，呼吸着青草散发出来的淡淡清香，凯利的心情格外好，他情不自禁地唱起来。可是等他割完草，邻居却半开玩笑半嘲讽地对他说："你的歌声听起来还不如割草机的声音动听。"

凯利听后感到非常伤心，他闷闷不乐地回到家中。细心的妈妈看出他的情绪不对劲儿，就笑着问凯利："怎么了，儿子？"

凯利伤心地对妈妈说："邻居说我的歌声还不如割草机的声音动听。这是真的吗？我根本就不能成为歌星，对不对，妈妈？"

妈妈听了，温柔地摸了摸凯利的头说："孩子，妈妈天天在听你唱歌，感到你每天都在进步，这就说明你很有音乐天赋。我还没有见过哪个孩子能像你一样进步这么快。"

"是真的吗，妈妈？"凯利听了，眼睛里又有了光彩。

"当然是真的了。妈妈相信你会成为一个出色的歌星。"

凯利听了，唱好歌的信心更足了。此后，虽然还是会遇到一些不友好的评价，但是妈妈经常鼓励凯利唱歌，还请专业的老师教他，他的歌也唱得越来越好。初中的时候，他还成了学校乐队的主唱，受到很多人的欢迎。凯利相信，他距离自己的梦想越来越近了。

看完这个故事，你是不是也感到了父母对孩子鼓励的重要性？假如凯利的妈妈也像邻居那样说，或者没有及时对他进行鼓励，说不定凯利就会放弃唱歌，更不会成为乐队的主唱了。可见，父母的几句话，就帮孩子重新树立了信心。由此看来父母对孩子多多鼓励，对孩子的成长无疑是很有帮助的。

美国人很注意用鼓励的方式教育自己的孩子。他们总是鼓励孩子不畏艰难、鼓励孩子多说话、多动手、多运动等，给孩子创造一个自信、乐观的环境。他们希望孩子能够通过鼓励形成自信、乐观的性格，将每件事做好，并实现自己的理想。所以美国的教育基本上是以鼓励和表扬为主，父母对孩子说得最多的话就是："我真为你感到骄傲！"、"你是爸爸妈妈的骄傲！"或者"你永远是父母的骄傲！"

在美国，很多父母在孩子的金钱使用上可能有些"吝啬"，但是他们对孩子的鼓励和表扬却是相当慷慨大方。父母绝对不会吝啬使用表扬和夸奖孩子的语言，也不会担心过多的表扬会让孩子变得骄傲，他们认为"优秀的孩子是表扬出来的"，给予孩子什么样的评价，孩子就会成为什么样的人。所以，父母不会轻易批评孩子，总是鼓励孩子去面对并解决问题，促进孩子成长。

美国是一个强调"个性"、强调"自我"的国家，很多美国人常说的一句话就是："我不是任何人，我也不像任何人，我就是我自己。"他们喜欢按自己的意愿生活，所以美国的父母们也从来不拿自己的孩子和别人的孩子进行比较。他们认为每个孩子都有自己的个性，每个孩子都可以做得很好。孩子们应该有自己的想法和个性，他们的想法、个性理应得到父母的尊重。所以为了让孩子健康地成长，父母经常会鼓励孩子做自己，帮助他们树立强大的自信心。

在美国，父母注重对孩子的赞美，已经形成了一种社会风气。父母认为孩子在成长的道路上需要父母的掌声和喝彩，即使是小事，也要对孩子进行鼓励。只有把每一次微小的成功累积起来，才能渐渐为孩子将来的成功铺就道路。因为每一次微小的成功能给孩子带来无限的信心和动力，孩子在成功中不断学习，才会更有信心，才能更上一层楼。

因此，在美国，看到父母为小事赞美孩子是很平常的事。比如，孩子吃饭的时候把食物吃得很干净，父母就会开心地对孩子说：“你今天真棒！”如果孩子睡觉的时候，主动对父母说了一声“晚安！”父母会对孩子说：“孩子，你今天的表现很好，晚安！做个好梦！”

美国的父母最忌讳打击孩子，在他们的眼中，对孩子说“笨蛋”、“你简直没救了”、“把你的嘴闭上”等恶劣言辞的父母是愚蠢的父母。他们认为这样做只会伤害孩子，而起不到任何促进作用。他们坚信只有不断地赞扬孩子，才能让孩子变得越来越优秀。

事实上，很多孩子都渴望成功，也都有自己的梦想，而父母的鼓励就是让孩子的梦想成真的阳光，它能开拓胜利者前进的步伐，更能扫清失败者沮丧的情绪。对孩子进行赞美能够唤醒孩子的潜能，聪明的父母们一定要把自己对孩子的热爱、理解、尊重、鼓励和期望的种子播进孩子的心中，帮助他们成为一个自强自信、乐观向上的孩子。

## 肯定孩子的每一点进步

孩子对某一种事物的接触，开始可能不适应，因此会做的不够好或做的不如别的孩子好，这时父母不能只看到孩子的不足，而应看到孩子的进步并及时给予赞赏和表扬。

在孩子看来，取得任何一点进步，都是自己努力的结果。如果这时候孩子得到了父母的肯定和鼓励，那么他们的积极性就会大大提升。可是，生活中大多数父母却不会站在孩子的角度看问题，总是用大人的标准来要求孩子，总认为如果取得一点小小的进步就给予表扬，孩子就会骄傲。但是，孩子毕竟是孩子，他们还很小，没办法完全达到父母的要求。这就好比明明是一辆汽车，却偏偏让它跑出飞机的速度来，这样反而使孩子失去了前进的动力。

当然，在家庭生活中，父母随时都要看到孩子的进步，尤其是在孩子表现不好的时候，更不能打击孩子的信心和积极性，而应该善于发现孩子哪怕是一点点的进步，并对孩子的这些进步给予真诚的鼓励和肯定，这将会让孩子提高把事情做好的热情和信心。

董浩是一名老师，妻子是一名医生，他们的儿子今年10岁了。看上去聪明可爱，但就是不愿做作业。因为这件事情，妈妈没少呵斥儿子，而且每天都看着孩子做作业，可效果还是不怎么样。时间久了，孩子甚至还产生了抵触的情绪，作业总是做得乱七八糟，甚至故意不好好做。妈妈很无奈，什么办法都用过了，就是不见起色。

后来，董浩告诉妻子，儿子由他来管，不要妻子插手。他检查孩子作业的时候，惊讶地说："儿子，你的作业有很大进步啊。看看，你的作业比昨天整洁多了，而且还少错了一道题，有进步啊！"在表扬的过程中，他偷偷观察孩子的表情发现儿子的眼睛里闪过了一丝自信。于是，他趁热打铁地说："我相信你能做得更好！"紧接着，他又指出了儿子的毛病在哪里，孩子也很顺从地改掉了错题。此后，每天董浩都鼓励孩子，孩子每天都有进步，慢慢地，孩子把所有的毛病都改掉了。妻子不明白丈夫用了什么魔法，董浩说："孩子是有进步的，要根据好的变化尽量把他往优点上引导，形成了习惯，他自己就改掉毛病了。"

如果父母对孩子的进步不给予赏识，反而过于严厉，这样就会导致两种状况：第一，有的孩子由于顽皮成性，就会对父母产生逆反心理，父母的话在孩子面前没有权威；第二，会让孩子产生惧怕父母的心理。孩子们需要的是父母的理解和支持，如果自己最亲近的人都不支持他们，那么势必会给孩子造成巨大的心理阴影。

父母能否发现并肯定孩子的进步，不仅会影响到孩子学习和做事的效果，还会影响到孩子对学习和做事的态度。对孩子的进步不给予肯定、不赞扬甚至否定了孩子的进步，那么孩子的学习积极性肯定会受到打击，这是很危险的。

马跃是一名六年级的学生，一次考试之后，他兴冲冲地跑回家，对妈妈说：“妈妈，我这次考试前进了10名呢！连老师都夸我有进步呢！”“是吗？我看看。”妈妈拿过成绩单看了看说：“不是还没进前3名吗？取得了这么点儿进步就骄傲了啊？”妈妈的话让马跃的热情像被泼了一盆冷水一样熄灭了。他闷闷不乐地回到自己的房间，连学习的兴趣都没了。

父母无视孩子的进步，因为孩子进步太小没有达到期望目标就对孩子进行全盘否定，认为孩子是无能的，这无疑是对孩子的一种伤害。虽然父母有时候也是无意的，但也许就在无意中，毁掉了一个优秀的孩子。

当孩子在学习或者生活中取得进步，哪怕是很小的进步，作为父母，都应该真诚地夸奖孩子，对孩子说：“孩子，你比昨天进步多了，继续努力，明天还会比今天更好的。”当孩子得到父母的赞同和鼓励时，他们往往会继续坚持和努力，每天都会有一些变化。虽然只是一些细微的改变，但孩子的自信心就会越来越强，也就会越来越往好的方面发展了。

## 时常夸孩子一句

赞美和夸奖孩子不需要营造一个特殊氛围，也不一定非要准备奖品，其实，看到孩子在做事、在学习，适当地夸他一句就能收到积极的效果。

每天夸孩子一句，重要吗？日本的一项研究表明，经常受到父母夸奖的孩子和很少受到父母夸奖的孩子，前者成才率比后者高5倍。

许多父母都有这样的体会：如果今天夸孩子手干净，第二天他的手会更干净；如果今天夸他的字比昨天写得好了，他明天的字会写得更工整；如果今天夸他讲礼貌，明天他就会更注重礼貌……

下面是一个妈妈的实践体会：

刚上学时，儿子写作业的速度很慢，而且是边写边玩，真是让人着急。开始几天，我总是催他快点写，或者是在旁边看着他写，可是都不怎么见效。他还一个劲儿顶嘴说："我就要这么写，写快了字就不好看了！"

后来我改变了教育方法，开始注意方式，即使他写的还是那么慢，我也"违心"地夸他一句："儿子真行啊，才过了一天写作业的速度就快不少啊！这么快就把作业写完了，比昨天可快多了！"他有点不好意思地笑了一下。以后我就坚持表扬他，渐渐地，他写作业的速度就快了，也不再边写边玩了。

我儿子还有一个缺点：平时不爱写作文，老师一留作文，他就会犯愁，即使写出来了，也是看不出结构，理不出脉络的文字堆砌，根本算不上是文章。我便让他每天读一会儿书，什么书都可以，只要他能读明白了就行，然后再让他讲给我听。

一次，我在他的作文里发现了一个描写雕塑的词——栩栩如生，便对他说："儿子，你真够棒的呀，这个词用得还挺好，你明白什么意思吗？"他得意地对我说："妈妈，这个词是老师新教给我们的，我还会不知道！"从他的神态我可以看出来，他很在意爸爸妈妈的表扬。于是，每次他的作文字数达到了老师的要求或者用了一个新词，说了一句有趣、有文采的话，我都会不失时机地夸他一句。我总是让他感到我是喜出望外的，以此不断增加他的自信心，让他感觉到自己确实很棒！不知不觉中，儿子进步很快，改掉了许多坏毛病。

孩子毕竟是孩子，在受到大人的夸奖时，他不仅心情愉悦，而且懂得了什么是对的，什么是错的，什么是大人提倡的，什么是大人反对的。这样，比父母直接对他说应该做什么、不应该做什么，效果要好得多。

事实上，夸奖不仅能使孩子获得愉悦快乐的情感体验，还能帮助孩子获得自信心，激发他积极向上的情绪和愿望，而这种自信心和积极性，是培养求知欲和探索精神、形成良好心理品质的重要动力。

可能有些父母说孩子没什么突出的地方，没什么好赞美的。假如这样想，就大错特错了。孩子在成长，每天都会有变化。父母一定要善于发现孩子身上那些积极的变化。比如孩子对知识的渴求、孩子的善良和单纯，凡是正面的表现都要及时发现，并给予鼓励。

孩子良好习惯的养成，也是以一点一滴微小的进步累积起来的，父母应该用放大镜去看孩子的优点，例如孩子某天做作业时不用大人提醒，这就是进步。如果父母写一张纸条：孩子，爸妈今天看到你懂事了，能自觉完成作业，不再让我们操心了，我们好开心！如果每天你都能这样做就更棒了！然后把纸条放在孩子的枕头边让他一觉醒来后看到，这样孩子当天肯定有一个好心情，而且以后会做得更好。还有很多的生活细节，如洗脸、刷牙、穿衣服等，只要父母给予鼓励，孩子就会做得更好。

早点行动起来吧，父母每天的几句鼓励，换来的将是让孩子奋进一生。

## 把老师的夸奖及时传递给孩子

对于正在上学的孩子，他们不但愿意听到父母的夸奖，也更愿意听到老师对自己的表扬，可有时老师的夸奖，只告诉了父母，这时，如果父母把老师对孩子的夸奖及时地告诉给孩子，那对孩子来说，将是一个极大的鼓舞。

放学了，爸爸去接儿子，儿子很高兴地等着爸爸，因为他今天的数学考了 95 分，全班第二名。他要把这个好消息告诉爸爸。

可听了儿子的汇报，爸爸只是淡淡地说：“知道了，我已经问过你们老师了。”

“那老师有没有表扬我啊？”

“才考第二，有什么好表扬的？”

“可是，”儿子说，“虽说我没有考第一，但是我比上次进步了好多啊。”

“进步一点儿就想被表扬，骄傲了是不是？你们老师对我说你很浮躁，成绩不稳定，所以你以后要更努力。”

看到爸爸这个态度，儿子很丧气，回家的路上再也不想说话了。但其实老师对爸爸说的是“你儿子进步很大，很有潜力”，可爸爸并没实话实说。

每个人都希望获得别人的赞赏，孩子也一样，他们不仅希望获得父母和家人的赞赏，更希望得到老师、邻居、小伙伴等其他人的夸奖。因为，父母对孩子的赏识是一种主观的评价，而别人对孩子的赏识却大多来自实际的交往，他们没有故意夸奖孩子的义务，因此他们的话要客观得多。

当孩子不确定自己给别人留下的印象是好是坏，以及在与别人交往过程中出现困难和障碍时，适时传达给孩子别人对他的正面看法和赞赏，不仅可以强化孩子的信心，更可以融洽孩子与他人的关系，让孩子拥有更快乐的生活。

作为父母，听到别人对自己孩子的赏识是一件自豪的事，但是不要忘记及时把别人的赏识传达给孩子，让孩子认识到别人对他的评价，感觉到别人对他的赞赏，从而激励他不断努力和进步。

比如，我们看看下面这个例子：

一天，上小学的女儿对妈妈说：“最近我觉得老师和同学们都不喜欢我。”

“为什么这么说？”妈妈疑惑地问女儿。

“我也不知道为什么，这个学期，数学老师上课时总是不提问我，就连我的作业他也不仔细看。妈妈你说他是不是对我有什么意见呢？”女儿难过地说道。

“那为什么说同学们也不喜欢你呢？”

“因为班上有几个同学不爱跟我说话，有时我主动和她们说话，她们还躲躲闪闪的，也不知道是什么原因，我有这么让人讨厌吗？”女儿的声音里透着着急。

“噢，是这样啊，你先不要胡思乱想，也许老师和同学这样做都是有自己的原因的，等妈妈和老师谈谈再说。”

过了两天，妈妈走进女儿的房间，和蔼地对她说：“我已经去问过你的数学老师，也和你的班主任老师谈过了，想知道他们的想法吗？”

“怎么说的，是不是我什么地方让他们不喜欢啊？”女儿急切地问，

“没有，他们没有不喜欢你，你的数学老师对我说，你一直都很勤奋，是个懂事而且好学的孩子，所以他觉得用不着经常提问你，而且他知道你肯定会很认真地完成作业，而你的班主任老师告诉我，几个不大喜欢和你说话的同学都是今年刚转学过来的，她们对你还不太熟悉，并且她们都知道你学习成绩非常好，所以在你面前有些自卑，再加上你也不太主动和她们说话，她们也就不太敢和你说话了。”

听了妈妈的话，女儿想：是啊，数学老师虽然不常提问我，但是对我的学习却很关心，而且每次考试之前都会鼓励我；还有那几个刚刚转学来的同学，虽然不太爱和我说话，但看我的眼神却没有一点敌意，反而是友善和害羞。

“孩子，老师和同学都这么看重你呢，你以后更要好好学习，不能辜负他们对你的信任啊！”妈妈不失时机地鼓励女儿。

“嗯，我知道了！”

后来，女儿的学习成绩越来越出色了。不仅如此，在她的帮助下，转学来的几个同学的成绩都有了很大的进步，她们在共同学习和交往的过程中成了好朋友。

可见，在称赞教育中，父母不仅可以通过自己的语言和行动来称赞孩子，更可以借他人之口来称赞孩子。有时候，后一种方式更容易被孩子接受，也更能激发他的信心和潜力。

在孩子的社会交往中，时常传达别人对他的正面评价，可以培养孩子正确认识他人、评价他人、与他人友善相处的良好习惯，有利于孩子人际关系的处理，对孩子以后的生活也有很大的益处。当孩子听到从父母的口中传达的是别人对他的赞赏时，他会更加感到光荣和自豪。

## 孩子更渴望父母能在别人面前夸奖自己

孩子希望得到父母的表扬和夸奖，更渴望父母能在外人面前夸奖自己，如果父母真的这样做了，对孩子自信心的培养则更为有利。

曾有一位老师对此深有感触，他在一次专题报告中这样评价父母对孩子的赞美：

有一次我去几个同学家访谈，其中有两个学生的家长一个劲儿在我的面前数落自己的孩子，例如，在家里是如何的任性、也不知帮大人干点活之类的。但是我知道，其实那两个孩子并不是家长所说的那样，不但懂事，还懂得为班干部和老师分忧，只是其中的一个性格有点儿内向而已。这两个学生的家庭经济条件都极优越，但是不能不说，其父母在教育方面不免欠缺了一点儿艺术，在老师面前这样贬毁孩子很容易导致孩子产生自卑心理。

接着，我去了另外一家。迥然不同的是，这位学生的妈妈是一位大学老师，我一出电梯门，孩子和妈妈就已等在那里。

我牵着孩子的手，走进这个干净整洁的家。在这家家访的过程是很舒心的，也不需要多说，但其中最让我乐于称道的就是这位妈妈在我面前对于孩子的肯定和表扬，以及孩子面对老师所表现出来的自信。

其实在这几年里，这位妈妈无论是与我家访时的面谈，还是接送孩子时的简短交谈，都很注意在老师面前为孩子树立一个正面的形象，最难能可贵的就是经常在别人面前表扬自己的孩子。实践证明，在适度的表扬声中成长起来的孩子总是显得很自信，心理也很健康。

由此，我们可以看出，一个懂得教育艺术的父母，会在大家面前表扬孩子；当只有两个人的时候，对孩子可以相对严格，在外人面前，一定要多夸赞自己的孩子，这样的态度会让孩子产生自信。相反，如果在只有两个人的场合表扬孩子，却当着外人的面贬低孩子的话，孩子的自尊心就会受到伤害。一旦伤害了孩子的自尊，就会使他们受到很大的打击。

有些父母自己的自尊心比较强，而对孩子的自尊心却毫不在意，就算已经感觉到孩子受了委屈或伤害了孩子的自尊，也不以为然，认为小孩子有什么面子不面子的，甚至有时还有意给他们一点小伤害作为惩戒。其实，这种做法是非常不明智的，因为这不但不能激励孩子，反而会给孩子造成心灵上不可磨灭的伤害，甚至让孩子怨恨父母，造成亲子关系的紧张。

教育理论告诉我们，对孩子要多赞扬、多鼓励，少批评、不责骂。经常对孩子赞扬、鼓励，尤其是当着别人的面赞扬孩子，能使孩子产生成就感和荣誉感，从而增强他们学习和做事的信心。

因此，父母应该把对孩子的赞美扩展到别人的面前，要善于当着别人的面赞美和尊重自己的孩子，让孩子充分感觉到父母对他的重视和欣赏，从而激励孩子提高自信心和前进的动力。

# 父母要善于多角度地发现孩子的闪光点

希望得到父母的表扬和夸奖是孩子的基本心理需要，但遗憾的是，有相当一部分父母却很吝啬自己的赞美和表扬，这可能有以下几个原因：一是做父母的不善于表扬，看到孩子的进步也只是喜在心里；二是不善于发现孩子的优点。我们说这是个理由，但责任仍然在父母，其根据就是：孩子不是没有闪光点，而是父母缺少对孩子的观察。这就需要父母学会从多个角度发现孩子的闪光点，用发自内心的喜悦来感染、打动孩子，使其保持健康积极的心理状态。

6 岁的巧巧很有环保意识，常把小区里的果皮、纸屑捡起来放进垃圾箱，被小区管理处评为“环保小卫士”，还发了奖状。这样一件大事，父母却表现的很冷漠。原因是：父母认为巧巧在家里却不注意卫生，这就是父母只在意普遍性，不关注孩子闪光点的毛病。

孩子在表现优秀的时候，最期望听到父母的鼓励与肯定。积极的正面肯定，才能使孩子感受到父母发自内心的爱和喜悦，才能给孩子带来愉快的心理感受，强化他的正面表现，促使他努力做得更加完美。

因此，父母要善于发现孩子的闪光点，并给予及时的表扬和肯定。比如：

调皮的小勇常会给父母招惹一些麻烦，但有时也会主动做些好事，如把摔倒的小朋友从地上扶起来，帮粗心的阿姨找到丢在角落里的钥匙……

看到小勇帮助人的时候，爸爸、妈妈总会充满喜悦地赞扬孩子：“儿子真懂事，这么小就知道帮助别人，将来长大了一定会很了不起！”在父母的赞扬声中，小勇一天天懂事了，不再沉湎于捉弄别人带来的小小乐趣，而是把精力转移到了帮助别人上。

父母发自内心的赞扬是引导孩子一步步走向真、善、美的动力。父母如果总是把眼光盯在孩子的过错上不放，会让孩子心生焦虑，导致孩子往消极的方向发展。在纠正孩子捣乱等错误行为的同时，用心发现他身上的优点，细心捕捉他的每一点进步，及时加以肯定和鼓励，孩子就会逐步改掉不良习惯，强化优秀的品质。

此外，父母还要养成常观察孩子的习惯，这样会及时发现孩子的优缺点。比如：

刚上小学的小刚成绩不太好，很少受到父母和老师的表扬。在学校的一次表扬大会上，很多做了好事的孩子都得到了表扬，小刚十分羡慕。一天，他交给老师100元钱，说是在上学的路上拾到的，当天就受到了学校广播站的表扬，这让小刚兴奋得满脸通红。

那一天，他读书的声音特别响亮，作业写得特别工整。可是第二天，小刚却垂头丧气地来到了学校。原来，他为了得到表扬，竟然偷拿了家里100元钱，结果被爸爸发现后问明原委后狠狠批评了一顿，并要求他向老师承认错误。老师了解到真相后及时和父母联系，肯定了孩子的出发点是好的，但也批评了他不妥当的做法，最后，小刚也明白了其中的道理。

在工作和生活中，成年人因为期望得到别人的尊重与肯定，偶尔也会犯些低级错误，对于小小年纪的孩子而言又怎么能够避免呢？发生这样的事情时，父母一定要保持头脑冷静，客观分析孩子这样做的深层原因。如果孩子是为了获得尊重和肯定而犯的错误，至少有令人欣慰的地方：孩子想听表扬，想要上进。父母要肯定这一点，多找机会表扬孩子，满足他们的心理需要，在此基础上引导孩子用正确的方式来获得肯定。

世界上没有两片完全相同的树叶，也不会有两个完全相同的孩子，每个孩子都有自身的特点。那些有着轻微自我封闭倾向的孩子有时更会令大人觉得难以理解。这些表现是由孩子的性格决定的，如果用简单地斥责和粗暴地要求只能激起孩子的逆反心理，把他推向不健全人格的深渊。在生活中发现孩子具有负面的性格特点时，父母先要反省自己的教育方式，寻找孩子性格中的积极因素，因势利导，帮助孩子一步步走出狭隘的天地，在人际交往和社会生活中找到更多的乐趣，逐渐成长为一个优秀的孩子。

## 时常为孩子买一件小礼物

孩子的感觉是很敏锐的，他们对父母所做的点点滴滴都会很敏感，并留下深刻的记忆。

父母如果能在适当的时候为孩子买一件小礼物，孩子会感受到父母的关爱和鼓励。

丽达·海曼是美国著名的小提琴演奏家，她收到的来自朋友、同学、崇拜者的礼物无数，但她童年收到一份来自母亲的礼物时的情景如今仍历历在目：

圣诞节的早上，她一觉醒来，发现床边没有任何礼物，她的泪水一下漫了出来。然后赌气地冲出了门，她甚至没有跟趴在桌子上瞌睡的母亲打声招呼。傍晚她回到家里，看见她的书桌上放着一份精美的礼物，那是一把小提琴。她惊喜万分，当时她正在练习小提琴，这正是她梦寐以求的礼物。

其实，圣诞前几周，她的母亲就一直忙于采购给她的礼物。她托人从遥远的瑞士买了这把小提琴，头天晚上熬夜包装，直到清晨才完工，还没来得及放到她床前，就已经疲惫不堪，趴在桌子上睡着了。

母亲含着微笑对她说："丽达，圣诞老人给你送礼物的时候，你不在家。"她感动得泪流满面，一下扑进母亲的怀里，她知道，这个世界上没有圣诞老人，只有关心她的母亲。从此，她也学会了关心母亲，关心别人。

成年人送礼物给别人，或许只能让人记住几个月或者几年；但是，孩子们不同，父母送给孩子的东西或对孩子的鼓励性言语，却会是孩子一辈子的记忆。尤其是那些令他特别感动的、不常发生的事件，更是让他终生难忘。

给孩子的东西，不一定要是最好的。东西虽然不起眼，孩子却会非常珍惜，因为那里面饱含着一份关爱和认同。

一天，在妈妈的书柜里，美美看到了妈妈小时候用的一本新华字典，字典的封皮是绿色的塑料皮，第一页上面是妈妈当年写的一行很幼稚的字迹：妈妈送我的新年礼物！美美看到后笑起来，说："那时候过年，姥姥就给你买一本新华字典呀？"说完她又顺势看了看价钱，顿时惊讶地喊了起来："才两元钱？"

妈妈一时触物生情，深情地对孩子说："那时候，姥姥的工资才几十元，两元钱已经不少了。这本字典虽说现在已经用不上了，但妈妈一直珍藏着它，知道为什么吗？有两个原因，第一就是这本字典在当时是我非常需要的学习工具，它帮助我完成了当时的学业任务，我很感谢它；第二就是姥姥在我最需要的时候节省家里的开支，给我买了这个新年礼物，我很感谢姥姥！"

美美听完就不再笑了，很懂事地点点头说："我知道了，姥姥在你最需要的时刻买了你最需要的东西，这代表着姥姥的爱，所以你很珍惜。"妈妈点了点头。

聪明的父母可能在事业和人际关系上游刃有余，唯独抱怨跟自己的孩子相处特别困难。可是父母有没有问过自己：与事业相比，自己花了多少精力与时间在孩子身上？与事业上所受的教育、训练和学习相比，自己花了多少精力与时间学习如何跟孩子相处、如何进行家庭教育呢？其实，所需的精力与时间不需要很多，只是一个小小的礼物、一份惊喜。但由于孩子的纯真与敏感，成效与回报却很大。

实际上，孩子看重的是父母对他的关怀。只有沐浴在一种明显的、强烈的爱的氛围中，孩子才会感到幸福，才会真正快乐地成长。

总而言之，适时地送给孩子一份礼物他会格外地感到自己在受重视、受关爱。

孩子在成长过程中会遇到很多困惑，他们需要弄清一些事物的构造和来龙去脉，给予启发是必要的，所以，送给孩子的礼物要考虑到启迪智慧的成分。说不定，父母的礼物可能使孩子创造奇迹，让他走上一条成功之路。

# 第七章
# 孩子希望有自主权

在家里，父母要有意识地为孩子留出一点自己的活动空间，说到底，这源于孩子已有的自尊心，也源于对孩子的尊重。在孩子只会出于本能地表达欲望时期，父母把孩子紧紧地束缚在自己的身边是爱、是理智，而在孩子已经具有了一定的认知能力和做事能力的时候，父母让自己与孩子适当地留出一点距离，给孩子一点独处的时间、自娱自乐的空间。让孩子自己管理自己也是父母的爱，而且是一种理智的爱。

# 每个孩子都希望有间“心灵小屋”

孩子希望在家里拥有属于自己的一片小天地，这是孩子长大，有独立思想和生活要求的表现，对此，父母不要感到失落、惊讶，而应为孩子高兴，并给予理解和尊重。

李娜是一个正读初二的女孩。一天，在家里突然强行“霸占”了一间闲置的小屋，并在小屋的门上贴上“告示”：早上8：00之前父母不得入内，晚上7：00～11：00家长不许打扰，并着重强调“有事请敲门”。李娜的父母对女儿的做法非常不理解，埋怨说“孩子大了不要娘了”。

像李娜这样“强占”小屋，对十三四岁步入青春期的孩子来说，是一个很普遍的现象。这其实是他们心理发展到一定阶段的一个独特的外在表现。虽然不是每个孩子都一定要求有自己独处的房间，但是，能够有一个属于自己心灵独享的空间，能够拥有一个只属于自己的“心灵小屋”，却是少男少女共同的渴望。

如果父母见过蚕蛹化蛾的过程，对孩子的这种心理特征就不难理解。蚕蛹在变成蛾前，有一段时间是“作茧自缚”，把自己关在一个很小的空间里“独处”一段时间。同样，孩子在一定年龄，闭锁心扉，把自己关在一个“心灵小屋”里，是他们走向成熟，“化蝶而飞”的必经阶段。

孩子青春早期自我意识迅速发展，他们强烈要求独立思考问题、认识世界、评价自己，要求家庭和社会承认自己的独立地位，更要求观念独立、行为自治。可以说，追求独立，确立自我，是孩子这一时期自我意识的主要特点，心理学家将此称之为“心理断乳期”。

“心理断乳期”是孩子脱离父母的监护，成为独立人的必经过程。孩子呱呱坠地，标志着脱离母体的解放，与母亲身体的联系切断了。但是在心理方面仍离不开与父母的亲密联系。这个时期的孩子需要父母的保护，他们表现出对成年人较大的依赖性。

但是随着年龄的增长，孩子总在尝试从依赖父母的心理关系中独立出来，成为一个独立的社会人，这时他们就必须进行心理上的“断乳”。所以，心理上的断乳，必须在精神的一切方面从父母那里独立出来才能完成。以心理上的断乳为基础，孩子的独立性和社会性发展才能完成。“有事请敲门”，正反映了孩子让自己的独立人格受到尊重的合理要求。因此，从心理学的层面分析，孩子进入自己的“心灵小屋”，闭锁心扉，说明他们正处在心理断乳期，意味着孩子将要长大，将要走向独立，父母应当高兴才是，而不是埋怨他们“不要娘了”。

如上所说，如果孩子提出强烈的要求，做父母的就应该让孩子有一个自己的“心灵小屋”。如果条件允许，就给孩子提供一个独立的房间。即使房间不够，也应尽可能创造让孩子拥有自己独享“心灵空间”的机会。比如，允许孩子在家中关闭一间房门独处一段时间，允许孩子自己做主离开父母单独活动，让孩子有一个独立思考的机会。

或许有父母会说，我们只是对孩子不放心呀！确实，孩子正值心理断乳的初期，是由儿童期向青年期过渡的半成年人半儿童的时期，心理上存在着成熟与幼稚、独立性与依赖性的矛盾和冲突。这一时期无疑是孩子心理发展历程中一个“多事之秋”，的确会有不少麻烦。但是，父母如果回顾一下孩子生理上的断乳，不是也有不少暂时的麻烦吗？但是又有哪一个父母因为这暂时的麻烦而让孩子永远不断奶呢？谁都明白孩子总要长大！既然如此，为人父母者为何不以同样的远见来对待孩子心理上的断乳呢？只要有了这种认识，相信每一位父母都会对处在心理断乳期孩子的“独处”，多一点宽容，多一点理解。

能够独享一块心灵绿地，不要任何人来涉足，这是一个心理健全的人的基本心理需求。孩子长大了，自我意识觉醒了，有了独立的人格，就应该有一块仅属于自己的天地。父母把这方天地永远地留给孩子，让他们自己做主，独自享有，才是对孩子最深刻、最博大的爱。

## 在选择朋友上，孩子反对父母的干预

交友是人生的一项重要内容，但要注意人生只有结交好的朋友才能给自己带来益处。交友从孩子时就开始了，做父母的可以给孩子提出原则和注意事项，但不宜干预过多。

一位上初三的女孩，这样向好朋友倾吐自己的烦恼：

“我爸妈什么事都要管，他们对我和哪些同学交朋友特别敏感。如果我想和女同学交朋友，他们就要逐一地进行审查。学习不好的不能交，爱说话的不能交，把自己打扮得太漂亮的不能交，眼神太灵活的不能交。当然，如果我想和男生交朋友，干脆免谈。

“上个月，在回家的路上，我和班上的两个男生同路，吃晚饭的时候妈妈就问我：‘和你同路的那两个戴眼镜的学生是谁？’爸爸还指证说：‘你在左边，他们两个在右边。’

“我真受不了爸妈这种监视的态度，但我没有别的办法，他们盯得这么紧，管得这么严，谁还会和我交朋友呀？我感到很郁闷！”

这位女同学的父母限制的不仅仅是女儿和谁交朋友，更重要的是窒息了孩子的交际能力和独立精神。

孩子不仅属于家庭、属于父母，更属于社会，因为他们毕竟有一天要走上社会，和形形色色的人打交道。如果像这位女孩的父母那样连孩子选择什么样的朋友都要管到底，设限设卡，那么孩子的交际能力从何而来呢？

特别是在这个多数是独生子女家庭的时代，大多数孩子可交往的“圈子”只有他们身边对他们关怀无微不至的亲人。他们更渴望友谊，更渴望拥有一个同龄的朋友圈子，融入到由伙伴们组成的群体中。

其实，从孩子上幼儿园、上小学、进中学，就开始了群体生活，但很多父母整日睁大眼睛审查孩子的朋友，按照自己的意愿替孩子选择朋友，以家长的“权威”限制孩子的交往自由。有的父母甚至让自己的孩子与一些所谓的“有教养”家庭的孩子在一起，不让孩子接触那些比较调皮、有些野性十足的同学。因为在他们看来，孩子和比较老实、听话、胆小的同学在一起，会更让人放心，自己的孩子不会被欺负，更不会有事故发生。而有的父母只许孩子和学习好的同学来往。

事实上，孩子在选择朋友时，有一种潜在的“互补意识”，如果他乐于和调皮一点的、“野一点”的孩子交往，也许正是他自身太过温顺，太过懦弱了，所以渴望自己能具有对方一样的性格特征。所以和调皮的“野孩子”交朋友，其实有助于孩子个性的完善。

同样，那些学习不太好的孩子，可能在其他方面有突出的地方，他的学习虽然不是班里最好的，但他的威信却可能是最高的，因为这样的孩子往往很有正义感，又肯热心帮助别人，所以孩子可能对他很有好感。如果身为父母者仅仅以“学习好”为标准来选择孩子的朋友，岂不是把这些最值得交往的人拒之门外了吗？

从长远来看，那些用心良苦的父母现在可以限制自己孩子的交往对象，但是无法让孩子将来所身处的环境同样按照自己的意志转移。谁都知道人的一生什么样的人都可能遇到，也许孩子将来的同事、上级和竞争对手，在小时候就是一名调皮、野性十足的孩子。如果孩子从小不和这些人交朋友，磨炼和这类人相处的艺术，那么步入社会之后又如何能成功地应对这类人呢？

当然，孩子在交朋友、建立友谊的过程中，不会是一帆风顺的，他们会受到冷淡、嘲笑甚至排挤和打击，在这个时候，聪明的父母不是替孩子做主——“以后不要再理他！”而是及时地给予孩子关心，和孩子一起分析交往受挫的原因，解除孩子心理上的疑虑，给予孩子合理的建议，鼓励孩子勇敢地再次接触伙伴们，从而在广交朋友的过程中增长自己的处理人际关系的才智。

## 允许孩子按自己的愿望交朋友

给孩子选择朋友的自由，也并不是说放任孩子的行为，在大方向上父母还要作出适当的引导，毕竟由于心智还没有发育成熟，孩子对于某些事物还不能完全分辨清楚。诸如：他们可能会和那些好打架闹事的同学交朋友并模仿他们的行为，认为那是讲哥们儿义气，是勇敢；他们可能会和那些挥霍金钱、讲究吃喝的同学交朋友并学着他们的样儿，认为那是成熟、有品位。出现这种情况时，父母不必指责孩子乱交朋友，而是要帮助他正确认识那些行为的弊端。有了辨别是非的能力，孩子就会主动远离那些行为习惯不好的人，主动与那些积极进取、健康向上的人为伍。

父母要对孩子的朋友做出客观公正的评价，不能戴“有色眼镜”看人，单纯地用成绩好坏或家庭出身来评判孩子的朋友，也不能因为孩子的朋友偶尔有一些不好的行为习惯就完全否定并禁止孩子与他们来往。要鼓励孩子与不同性格、不同爱好的朋友接触，树立“三人行，必有我师”、“人各有所长”、“取长补短”等观点，从不同的朋友那儿获得不同的感受，增长不同的见识。

当然，孩子的自制力和自控力毕竟有限，当发现孩子与有不良倾向的朋友交往时，父母也要做出不失理性的干涉。比如，孩子在和一个有着犯罪倾向的朋友交往，父母应该当机立断，坚决阻止他们继续来往。而如果孩子的朋友只是有一些不太好的行为习惯，父母可以将孩子的朋友请到家里来玩或主动参与他们的游戏，寓教于乐，对他们进行正确教育、引导。

在一个人的成长中，很重要的一项内容是要增强对环境的适应力和辨别力。孩子要适应这样一个“林子大了，什么鸟儿都有”的现实环境，并辨明是非，选择和自己志趣相投的朋友交往。这锻炼的是一个人的适应力和辨别力。但是，如果父母为孩子选择好了朋友，那么孩子就不必发挥他的辨别力了，也不必努力适应环境，只需要被动顺从环境就行了。

一个人的成长还包括学习更多解决问题的能力。人与人相处，总会遇到很多矛盾和问题。通过处理这些问题，一个人的能力会变得越来越强，也会变得越来越成熟。如果父母用一个模式去为孩子框定朋友，一方面孩子与同类型的人接触，遇到的矛盾和问题会减少，这也减少了孩子解决问题的机会；另一方面，孩子在和朋友发生矛盾时，父母会认为，这是因为“志趣不投”引起的，因此出面把那位朋友轰出局，这也让孩子失去了积极解决问题的机会。

由此看来，在交朋友这个问题上父母还要把权力交给孩子，让孩子自己去选择，父母可以通过观察替孩子把把关，通过结交朋友，让孩子的交际能力得到增强。

# 孩子之间的事他们喜欢自己解决

孩子有孩子的世界，在他们的世界里，有他们的游戏规则，他们喜欢按他们的游戏规则去处理问题。这也是需要父母要了解的。

一个休息日，杨女士在家看电视，她11岁的儿子在小区里和小伙伴们一起玩耍。平时这几个小伙伴经常在一起玩。

杨女士看了一会儿电视后，就推开窗看看儿子的情况，不料却看见儿子和一个个头高一点的孩子在吵架，而且越吵越凶，声音很高。

杨女士急忙跑下楼来探看究竟。到跟前一看，才弄清楚孩子们争吵的起因是一种叫“纸三角”的自制玩具。原来儿子的“纸三角”被那个个头高一点的孩子抢去了，所以很气愤，两人就吵了起来。而让杨女士看了挺可气的是，其他的小孩子偏偏帮着个头较高的那个孩子对付自己的儿子。

杨女士的儿子看见妈妈来了，涨得通红的小脸一下子变得惨白，委屈的泪水忍不住掉了下来，继而“哇哇”地哭了起来。

看到这种情形，杨女士真想训斥那个不讲理的孩子一顿，替儿子出出气。但她忍了忍，转念一想，自己一个大人掺和孩子们吵架不合适。

于是她强压怒火，拉着儿子说：“走，咱们回家去，不和他玩了！”

但是，儿子人小骨头硬，站着没动，偏偏不回家，非要把自己的“纸三角”要回来不可。

杨女士于是劝儿子：“几张破纸片，有什么好玩的！回家妈妈带你买好玩的去。”可儿子仍然不干。

杨女士只好把目标转向那个抢“纸三角”的，语气温和地对他说：“小朋友，阿姨相信你是个好孩子，你把‘纸三角’还给他吧，好吗？”可是那个倔小子也不买她的账。

杨女士一看他们都固执己见，两下都搞不定，一气之下喝问儿子道：“你到底回不回家？”儿子的回答更响亮：“不回！”

“好吧！那你自己想办法解决吧，我回去了！但是不许哭，男子汉哭是没出息！”说完上楼去了。

杨女士虽然坐在家中，但还是悬着一颗心，生怕儿子受欺负。正担心之间，儿子却拿着自己心爱的“纸三角”回来了，并且小脸上早已“阴转晴”，笑嘻嘻的好像什么事也没发生一样。

杨女士感到诧异，经过询问，才晓得几个小朋友又和好了。杨女士问儿子用什么法子“解决”的，儿子只笑着说了两个字：“保密！”

这件事给杨女士上了深刻的一课，使她认识到了小孩子间的纠纷最好还是由他们自己去解决。从此以后，杨女士不再为儿子出头了，而儿子处理和小伙伴之间关系的能力也越来越强了。

事实上，伙伴之间的纠纷不过是争争吵吵这样的一些事，有时可能会大打出手，甚至把对方致伤，闯下祸来。有些父母便忙着为孩子收拾残局。因为在他们看来，孩子年龄小，没有承担责任的能力，不得不由当爹当妈的出面“善后”。

这类父母要么找到与自己孩子发生冲突的孩子，替自己的孩子“赔不是”；要么登门拜访对方父母，希望通过大人们之间的理智来解决问题。一般而言，这类越俎代庖的做法收效甚微，且不会受到自己孩子和对方孩子的欢迎。

父母应该明白，孩子们考虑问题的方式是不同于成年人的，像偷了人家的羽毛球拍，或者用砖头砸人之类的事，在大人们看来是性质很严重的问题，而在孩子们的眼里，也许并不是什么天大的事情。

因此，倘若父母以自己的思维方式来定性孩子的行为，很可能使问题复杂化。有时候，原本不过是孩子们一时之气引起的纠纷，经过双方父母煞有介事的一折腾，反而升级为大人们之间的冲突。当孩子们和好之时，父母间却还在互相怨恨。

所以，明智的父母一般不会介入孩子们之间的纠纷和冲突，他们会让孩子自己去承担责任，把解决问题的主动权留给孩子，让他们自己想办法，按照他们自己特有的方式解决冲突和纠纷。

其实，孩子间发生冲突和纠纷，是孩子锻炼这种本领的绝佳机会。孩子们正是通过辩解、说理和争吵，了解自己和他人，学会进攻与忍让，斗争与妥协的艺术，学会如何去面对胜利与失败。在解决与伙伴之间的冲突的过程中，能更好地促使孩子独立自主地思考，使自己的交际能力不断提升。

每个孩子说到底都属于社会，总有一天他会走向复杂的社会，到那时人际间的各种冲突远比现在小伙伴之间的纠纷要复杂得多。做父母的不可能永远充当孩子的“调解员”。

因此，拒绝替孩子“善后”，要及早放手，让孩子自己做事自己当，靠自己的智慧去解决与同伴之间的冲突和纠纷，这才是父母最明智的做法。

## 有些时候孩子喜欢在父母面前表现一下

在很多情况下，孩子希望在大人们面前做点事显示一下自己，但多数的父母恰恰不给孩子这样的机会，表面上看，是父母爱孩子，但实质上却压抑了孩子做事的积极性。

一天午饭后，3岁大的小牛看见妈妈正在收拾餐桌，他便跑来要帮妈妈端菜碟。可他的手刚摸到桌边的一个菜碟，妈妈连忙制止道："不要动，你会打碎的！等你长大了再给妈妈帮忙不迟！"

菜碟虽然没有被打碎，但妈妈却在不经意间打击了儿子想做事的积极性和自信心。儿子主动伸出手来帮妈妈做事，这是他可贵的自立意识的萌芽，而妈妈的这句话无疑是在扼杀他的这种意识。久而久之，他就会放弃这种自发的努力，而更让人担心的是，他会走向另一个极端：事事都依赖母亲，自己能做好的事也懒得动手了。

不知不觉，小牛长到了6岁，一天早晨，妈妈正在匆匆忙忙地准备早餐，小牛跑进厨房，叫道："你帮我挤牙膏，我不会。""怎么不会呢？你可以挤得很好。"妈妈虽然嘴上这样说，可已经帮儿子挤好了。

小牛在卫生间里洗漱，可很长时间了也没出来。妈妈催促道："快一点，小牛，妈妈上班要迟到了。""知道了，妈妈！"小牛答应道，但就是不出来。妈妈看看表，再不走早班车就错过了，于是有些火大，声音也加高了："快一点！"

小牛听出妈妈真的动气了，便极不情愿地出来了，妈妈一看顿时无语：他身上的衣服敞开着，裤子的背带也拖在身后。

妈妈一边收拾包，一边皱着眉头问道："你这又是怎么啦？"儿子噘着嘴说："我系不上扣子嘛，你又不给我系。"

妈妈不耐烦地说："你怎么连这样简单的事儿都做不了呢？"

小牛噘着小嘴说："因为你没让我做过嘛！"

妈妈无奈，只好蹲下身来替儿子系好扣子，带上早餐匆匆地上班去了。

其实，这样的结果都是这位妈妈一手造成的。当孩子刚有独立自主地做点事的意识时，她没有鼓励和培养，以至于形成了孩子生活上的事事依赖。

现在的家庭大多是独生子女，祖父、祖母、父亲、母亲，甚至外祖父、外祖母，一帮大人围着“小皇帝”、“小千金”团团转。由于大人们对孩子的吃、喝、穿、戴、住、行等一应生活诸事大包大揽，照顾得无微不至，所以导致了五六岁的孩子不能自己吃饭，上小学了不会穿衣服，上中学了由父母打理书包，上大学了需要家里给雇保姆等怪现象的出现。前两年，就有一则博士生因为不能生活自理而被迫退学的笑话。这些笑话出现的根源在于父母保姆式的全方位的大包大揽，使孩子从小丧失了独立做事的机会，丧失了自己动手的机会，因而也就不具备基本的自理能力。

孩子从刚刚学步起，虽然面对的是一个陌生的世界，但是他们凭着“初生牛犊不怕虎”的勇气，总想去尝试，总想独立自主地做一些事情。

有些父母害怕孩子年龄太小，做不好、做砸了，事实上，这种担心是多余的，孩子自己做主去尝试的事，一般是他们自己在估量了自己的“实力”之后能胜任的事情。退一步讲，即使做不好又有什么大不了呢？孩子积极主动地去做一件事就是未来能很好地做成事的开始！所以，聪明的父母不会用过度的关心去窒息孩子身上可贵的独立意识萌芽，他们会最大限度地留给孩子自由发展的空间，凡是孩子能做主的事情，会尽量让孩子独立地去干。

在孩子独立自主地干好自己的事情，以自己的能力进行生活自理的过程中，聪明的家长会从思想上对孩子进行启迪，使他们自觉地增加独立思考能力，做到独立地提出问题、解决问题，进而增强适应社会的能力。

# 孩子渴望由自己来支配“压岁钱”

“百十钱穿彩线长，分来再枕自收藏。商量爆竹谈箫价，添得娇儿一夜忙。”这是清朝人吴曼云写的一首题为《压岁钱》的诗，诗中活灵活现地描绘了一位“娇儿”得了压岁钱之后的兴奋、可爱之态。

过去，“压岁钱”只是长辈们发给孩子们的一种象征性的礼物，少则几元多则数十元，主要是图个热闹、吉祥。但是近年来，随着经济的发展，很多地方特别是城市，“压岁钱”也水涨船高，有的孩子春节期间从长辈和亲戚那里得到的压岁钱达到数千元甚至上万元。

但是有些孩子轻而易举地得到了一笔钱，不知道珍惜，大手大脚地消费“压岁钱”，买高档玩具，打通宵游戏，泡网吧，和哥儿姐儿们上高档餐馆大吃大喝，互相摆阔、攀比。这实在有违大人们向他们发“压岁钱”的初衷。

鉴于以上诸种不良现象，有些父母干脆来个“通通上缴国库”，将孩子的“压岁钱”一律没收，这笔钱的主人不是孩子，而是父母了。

“没收”这种因噎废食的做法是极不明智的，不仅使“压岁钱”失去意义，触发孩子的逆反心理，更重要的是家长失去了一次引导孩子树立正确的金钱观念与消费观念，培养优良品德和自立精神的大好机会。

“压岁钱”顾名思义，是为孩子压岁的，原则上只有孩子享有这些钱的支配权。至于怎样去花“压岁钱”，父母只有引导和建议之责，而决无“没收”之权。

总之，身为父母不能“占有”和“没收”孩子们的“压岁钱”，但也不能过于放任，任由孩子很快将压岁钱胡乱挥霍。只要父母正确地予以引导，孩子就会主动地将“压岁钱”用到有意义的地方。一般来说，以下几个方面就很有意义：

**1. 订购书刊**

“压岁钱”用在这方面对孩子益处甚多，可以帮助孩子增长知识、开阔眼界，养成爱读书的好习惯。还可以与小伙伴交换阅读书报，促进彼此的情谊。

**2. 购置学习用品及益智玩具**

“工欲善其事，必先利其器”，实用便捷的学习用品能促使孩子提高学习效率，帮助孩子学好功课，而益智玩具有助于启迪思维，增长智慧。当然，要避免盲目购买高档玩具。

**3. 给长辈或孤寡老人买赠礼物**

在长辈或孤寡老人生日或一些有意义的节日，用“压岁钱”买点经济而有意义的礼物，能很好地培养孩子敬老及扶贫济困的美德。

**4. 参加储蓄**

让孩子到银行以自己的姓名开户，参加储蓄或购买国库券，支持国家建设，同时培养孩子理财和节俭的良好习惯。

无论如何处置“压岁钱”，父母只能在一旁提供一些建议，给孩子讲清楚道理，至于到底把钱用在哪方面，最后得按照孩子的意愿，由他们自己说了算。由父母决定开销是不适当的。

# 父母不要强行改变孩子的选择

在生活中，有些事孩子已经自己能做或者是已经有了自己的处理方式和想法。这时，父母应给予尊重，而不能表面上看是给了孩子独立处理问题的自由，而实际上还控制着他的具体行动。有这样一个历史故事：

相传，曾有一位名叫霍布森的从事贩马的英国商人，他做生意时有一个奇怪的要求，他通常会对买主说："你们可以随便买我的马、租我的马，价格都很便宜。只不过，你们挑选马匹时，只能在门口处的马匹之中挑。"

霍布森的马圈设计得非常奇怪，马圈只有一个很小的门，那些高头大马是出不去的，只有瘦小的马可以出去。如此一来，人们在门口挑来挑去，以为自己选择了一匹最好的马，可实际上，自己的选择却被霍布森的规定限制住了。

后来，人们将这种毫无选择余地的"选择"讥讽为"霍布森选择效应"。

从社会心理学的角度来说，如果有些父母陷入了"霍布森选择效应"的困境之中，那么他们就不可能给孩子以自由地学习、游戏和自己做事的机会。这应该引起父母的深思。

毕竟，如果父母要对比出好与坏、优与劣，需要在广泛的选择、多方比较之后才能做出最准确的判断。而且，也只有这种具有一定数量和质量的选择判断，才算是比较合理的。假如只能在很小的范围内去做决定，这样得出的结论也一定是经过限制的，是不可信的。

明白了这个道理之后，父母可以想一想对孩子的教育问题。在教育孩子的过程中，有没有也给孩子限定了很狭窄的选择空间？有没有不顾孩子的发展，只按照自己的意愿而让孩子去做决定？

对此，可能有的父母会说："对于还是小学生的孩子，正是贪玩爱闹的年纪，如果让他选择，还不是除了玩就是玩啊！"这样的说法就太过片面了。随着年龄的增长，孩子的思想也会慢慢发生变化，他会开始独立思考，对某些问题开始有自己的理解。对于他自己的事情，如学习、兴趣等方面，他已经完全有能力自己去进行选择了。

但在生活中，有许多父母自认为是"最了解孩子的人"，却习惯把自己的意愿当成是孩子做选择的原则。殊不知，父母这是在按照自己的意愿给孩子的选择事先规定了一个框框，只让他在框框内去选择，这样做不就是霍布森选择效应吗？

人都比别人了解自己，所以父母不该给孩子搭设"马圈"，而是把所有的马都放开让他来选他最中意的一匹。父母要克制住想要"控制"孩子的欲望，并将自己的阅历当成是孩子的参考，父母只提供意见和建议，并不提供决策。这样，孩子可选择的空间才会变得宽广起来，相信孩子也会考虑到父母所说的，并最终做出最合适的选择。

当然，尽管我们不赞同霍布森给选择设定了那样狭窄的范围，可这也并不代表我们就要允许孩子漫无边际地随便去选择。孩子毕竟还未成年，他懂得的东西也还太少，思想远未成熟。所以，很多情况下，父母在为孩子设定一个广泛的"选择域"的前提下，还应该为他设定一个合理的选择底线。这样做的目的，就是为了让他能够在安全、健康、积极的氛围之中去进行选择。

对于选择的底线，我们要本着一个原则，那就是"有助健康成长、不做违反道德法律的事情"。无论孩子进行怎样的选择，选择怎样的结果，都必须要遵循这个原则。

总之，父母不仅要尊重孩子的选择，还要让他为自己的选择负责。此时，父母不能挖苦、批评他，而是要使他自己明白一些道理，并让他将这些道理牢牢记在心底。

## 第八章

# 孩子需要父母为他的成长提供条件

关于孩子的成长条件，成才的过程，多数的成功者也都认同，天赋条件居其次，个人努力才是主要的。这样的结论相信绝大多数的父母也是认同的。但家长们要注意的是，孩子的个人努力绝不是纯粹的主观行为，是需要来自父母的精神与物质条件支持的，手头连一个玩具都没有，书包里连一本课外书都没有，一次动物园都没去过，一次博物馆也没有参观过的孩子是不容易成才的。

## 不愿去幼儿园——害怕陌生人

一去幼儿园就哭闹是存在于多数孩子身上的普遍现象，它与幼儿对其抚育者的依恋有着非常密切的关系。当幼儿离开自己的抚育者，进入幼儿园这个陌生环境时，他情感的依恋一下子无法得到满足，安全感的缺失势必会产生心理上的焦虑。

王女士自从把女儿送进幼儿园后，不但没有感到一丝的轻松，反而比以前更加不省心了，因为女儿变得更加爱哭、黏妈妈。每天早上送孩子去幼儿园全家人都要忙得团团转，自己更是累得一身汗。好不容易出了家门，可等把女儿送到幼儿园门口时，女儿又不肯进去，发脾气、哭闹，要把她顺利地送进去又要周旋一番。

现在每次王女士出门时，女儿都要哭一场，自己又要费一番口舌。心里非常纠结，觉得孩子越大越胆小了，对妈妈反而越来越依赖。

的确，对很多 3 ~ 6 岁孩子的妈妈来说，孩子总是黏着妈妈的情景并不鲜见。特别是刚入园的小朋友，跟爸爸妈妈分开时，哭闹、黏人的现象很是普遍。

其实，这是孩子与父母特有的分离焦虑情绪所致，这种现象往往发生在孩子与照顾他的亲人分离时。分离焦虑是孩子成长过程中的一个阶段，孩子要从这个过程中学会独立，学会接受外面的世界，而这个接受过程的时间长短则因人而异，与每个人的适应能力、独立能力有关。

现在，不少父母因为忙于工作，往往将孩子托付给老人或者保姆带。孩子与老人或者保姆相处久了，就会产生强烈的认同感和依恋情绪，将对方视为自己生命的一部分。如果这个时候，对方突然离开，也会在孩子心中造成很深的失落感。

儿童的认同感较重，这种认同感的对象可以是亲近的人，也可以是心爱的玩具。很多孩子晚上睡觉时习惯抱着一个心爱的玩具，对于大人而言，拿走这个玩具可能没什么，但是对于孩子而言，如果玩具不见了，孩子可能睡不着，就是因为孩子对玩具已经产生强烈的认同感，已经将它视为自己生命的一部分。

这是孩子成长过程中出现的正常现象。一些孩子在刚入幼儿园时，很容易产生分离焦虑，这是因为孩子要离开家人，进入一个陌生的环境。父母不必为此有太多的烦恼，但父母一定要想到孩子的分离焦虑。如果父母对孩子的分离焦虑没有进行正确的处理，会影响孩子自信心的建立，可能造成孩子的孤僻性格，很难适应新环境的不良心态。因此，父母要帮助孩子度过这个特殊的时期，让孩子得以健康地成长。

**1. 父母要帮助孩子与幼儿园教师建立良好的依恋关系**

解决孩子出现分离焦虑的最有效方法是：尽快让孩子和幼儿园老师建立起依恋关系，让孩子对老师产生认同感。有的孩子生病在家休息几天，还会说出“我想老师了”的话，这说明孩子和老师建立了良好的依恋关系，这时孩子每天都会高高兴兴地去上学。其次，父母要经常和幼儿园老师沟通，了解孩子在幼儿园的情况，让孩子看到父母和老师亲密交谈的样子，也有助于孩子和老师建立良好的依恋关系。

**2. 平时多设计“再见”场景，减少分离焦虑情绪**

孩子不愿去幼儿园，并不是孩子不喜欢幼儿园的环境，而是害怕和父母分离。针对孩子的这种心理特点，送孩子去幼儿园或者妈妈要出门时，要明确告诉孩子：“妈妈出去一会儿，等办完事情了就会回来的，并且会把你喜欢的小熊买回来。”同时需要注意的是，妈妈一定要说到做到，不能欺骗孩子。这样就会让孩子觉得，妈妈虽然没有和“我”在一起，但是我们的心是在一起的，妈妈是帮我办事情去了，并且对接下来妈妈回来的情景抱以期待。

**3. 多为孩子安排一些独立的活动**

妈妈要出门，可以事先征求一下孩子在接下来的时间最想做什么事情，如果孩子的要求合理，妈妈要答应孩子。这样孩子就会觉得，妈妈不在的情况下，照样可以玩得高兴、快乐。

孩子在没有妈妈的情况下，照样能够有“开心、快乐”的体验，对培养孩子的独立性有很大帮助。妈妈要有意识地培养孩子的独立性，遇到事情要让孩子自己想办法解决，而不是完全依赖妈妈。同时，不管什么时候，都不要忘了对孩子进行鼓励。当孩子有进步时，父母要让孩子知道父母为他已有自己能玩的能力感到自豪。

## 孩子失败时需要父母的鼓励

与成年人相比，孩子更经受不起失败和挫折，而一旦孩子在某些事上遭遇了失败，他想到的是，如果有父母的帮助多好啊？如果此时，来自父母方面的却是讽刺和打击，那样会更深地伤害他。对于这一点每一位父母都要提高认识。

期中考试的成绩公布了，原来成绩很好的可心，这次数学只考了80分。

回到家里，妈妈问可心考了多少分，可心有点不情愿地说："这次考砸了。"

妈妈说："砸到啥程度，拿出来，我看看。"

妈妈接过卷子，越看越生气，推了可心一把说："考试时你都在想些什么，这么简单的题都会算错，再看看这道题，前天不还做过这样的题型吗？也算错了，再看看这道题，这么简单，你也做错了，这么不上进呢？"

可心低着头听完妈妈的训斥，默默走到自己的房间，整个晚上没有说一句话。

在接下来的一次测验中，可心仍然考得不好，自然又被妈妈训斥了一顿。

此后，可心越来越不爱说话，与妈妈之间更是到了无话可说的地步，同时，对学习更加不上心了，学习成绩也是每况愈下。

生活中像可心妈妈这样的父母不在少数。许多父母都经历了这样的心理变化过程：先是望子成龙，望女成凤，倍加宠爱。当孩子遭遇失败时，在恨铁不成钢的失败阴影笼罩下，父母首先想到的大多是向孩子施加压力。于是，指责、讽刺、打骂等现象不断发生，最后，父母往往会认为，孩子不是那块料，孩子已经无可救药。父母对孩子先是宠爱后是责备，却很少反省孩子不上进的原因出在哪儿。

那么，孩子为什么不能理解父母望子成龙的心情呢？其实，父母不能理解孩子，没有从孩子的心理出发，没有注意与孩子交流的方式。

从心理学的角度来看，没有看到自己所要的期望值，任何人都会感到沮丧，并且，这个时候是最伤心、最郁闷的时候。

孩子更是如此，甚至他们内心比成年人又多了一层恐惧——怕被爸爸妈妈责骂。这个时候孩子的内心是敏感的，需要安慰、理解和鼓励。有的孩子天生自尊心强，如果失败后得到的只是一顿责骂，他心里就会留下一个阴影。一句“笨蛋”可能会伤害孩子的自尊心，而来自失败的打击越多，孩子就越会产生自卑感和抵触情绪，他不仅不会向父母寻求帮助，还会逃避父母的询问，结果真的变成了一个“笨孩子”。

其实，孩子在成长的道路上不可能是一帆风顺的，总要经历失败和挫折。当孩子失败或碰壁的时候，父母应及时给予孩子必要的鼓励，让孩子用勇气、信心再试一次，从而克服困难，获得成功。

有一次，著名的家庭教育家苏杭的女儿考试没考好，于是女儿闷闷不乐，甚至担心自己会前途暗淡。这时，苏杭对女儿说：

“女儿，将来你当了博士是我的女儿，你扫马路也是我的女儿。到时候，就让你爸爸用三轮车拉上我，把做好的热菜热饭送上马路。只要人品好，扫马路也能扫出一个光明的世界。”

听了母亲的话，女儿的脸上放出了光彩。

苏杭女士的话，让孩子身上的负担一下子就减轻了许多，使她的女儿在以后的生活中学会了用坚强面对失败和挫折，在不断战胜失败和挫折中，慢慢走向成功。可见，引导孩子坦然面对失败往往能够给孩子更有效和更多的信心。

如果父母都能够像下面案例中的妈妈那样，孩子的心灵就不会受到伤害，自信心也就不会受到打击。

期末考试成绩出来了，全班45个同学，梦桐考了第30名，而他的邻居又是同学李伟，考了第一名。

梦桐从来都认为自己不是差生，可是，这样的名次让梦桐有了强烈的挫败感，他觉得自己太笨了，沮丧的心情让他打不起精神。

妈妈看出了儿子的神情不对，就问梦桐：“怎么啦，孩子，不舒服吗？”

梦桐流着泪说：“妈妈，你说我是不是很笨？我认真听课，认真地做作业，为什么我还是考第30名，而李伟却能考第一。”

妈妈摸了摸梦桐的脸，温柔地说：“妈妈不认为你笨，你比以前进步很多了，妈妈相信你会越来越好的。”

第二学期考试结束，梦桐考了第16名，而李伟仍是第一。他想不通，自己比李伟更努力，但为什么就是考不过李伟。

这次，梦桐问了妈妈同样的问题。妈妈还是说：“你不笨，你比上学期进步多了，你会越来越好的。”

梦桐小学毕业了，他的学习成绩仍然没有李伟好，但是，梦桐已经进入了班级前10名。

初中时，梦桐依旧能听到妈妈这样鼓励的话语，等升入高中时，梦桐已经成了全校的尖子生。

温情地鼓励孩子，会让孩子不惧失败，且会更加努力。梦桐正是在妈妈“你比以前进步多了，继续努力，你会越来越好”的鼓励声中，逐渐跨越障碍，并最终取得了好的成绩。

父母不妨看看这一段颇有警醒的话：假如你的孩子不能成为参天大树，那就让他做一棵默默无闻的小草吧，他一样可以给你带来春天的美丽；假如你的孩子不能成为一座高山，那就让他做一颗石子吧，他同样可以带给你跳动的喜悦；假如你的孩子不能成为一位名人，那就让他做一个平凡的人，无论是地地道道的农民，或是普普通通的工人，也无论是一名军人还是一位商人，只要他诚实、正直、善良、上进，为父母者都应该感到高兴，因为你培养出来的孩子是一个对社会有用的人，这就足够了。

可见，当孩子失败时，父母应该理解、宽容孩子，并鼓励孩子哪里失败就从哪里爬起来。尤其是当孩子考试失败的时候，父母更应该全面看待孩子，不应全盘否定孩子。

事实上，即使孩子做一件事失败了，他也并不一定就能对失败有正确的认识，只是担心害怕，没有去想自己失败的原因。那么父母就应该是一个引导者，首先肯定他的努力，然后再提醒他做得不够的地方。父母对孩子说“你很棒的”、“你很勇敢”这样的话，激励孩子，让他知道自己也有值得肯定的地方；然后再慢慢指出失败的原因，加以提醒和鼓励：某某方面还不足，要稍加注意，一定会有进步的。如此一来，孩子的情绪不再停留在失败的恐惧上，而是转而思考失败的原因，考虑怎么才能不再失败。

生活中，每个孩子总会碰到不称心的事情，即使天性乐观的孩子也是如此。有些父母认为，孩子还小，经不起失败的打击，就一味地顺着孩子，从不让孩子受苦受累。如果父母不引导孩子学会坦然地面对失败，就无法使孩子形成正确态度，孩子就无法掌握战胜失败的本领。因此，当孩子遇到困境时，父母要多留心孩子的情绪变化，如果孩子闷闷不乐，无论自己多忙，父母也应该挤出一点时间和孩子交谈，教育孩子学会忍耐和随遇而安，鼓励孩子凡事多往好的方面想，不要老往消极的方面想。只要孩子愿意与父母沟通，把心中的烦恼说出来，烦恼很快就会消失。

对于父母而言，当孩子做某一件事失败时，父母可以帮助孩子查找失败的原因，以便于他们避免再犯类似的错误，使孩子能够从失败中吸取经验，锻炼自己的能力。

## 父母要尽量满足孩子所提的合理要求

孩子向父母所提的要求基本上都反映了他们的兴趣和诉求，如果这些要求都是合理的，有助于孩子的成长和学习，那么，父母就应尽量地去满足孩子的要求。

李先生一家三口吃晚饭的时候，已经上小学二年级的儿子声音很小地对父母说："我的同桌学画画都两年了，他画的大白鹅可棒啦，我也想学画画，想画我喜欢的小动物。"

妈妈听了孩子的话对爸爸说："孩子想学画画，那就让他学吧！"

而爸爸听了却瞪了妈妈一眼，没好气地说："学什么画画，能把功课学好就行了，整天动那歪心思，怎么就不能在学习上下点功夫呢？如果期中考试排班上前三名，就让他学！"

儿子听后，低下了脑袋，是儿子放弃自己的要求了吗？不是，因为爸爸提出的条件无异于断绝了他的要求。

生活中，常听一些父母这样抱怨："为了孩子学习、生活得愉快，我们经受的艰辛都不让孩子知道，没想到孩子却不领这个情，不愿说感谢的话也就罢了，还总是事事和我们对着干。"

而孩子也诉苦道："父母根本不理解我们内心的需要，他们想要的就说个没完，而我想说的他们不是心不住焉，就是一番训斥。"

生活中，经常会发生类似的情况，当孩子在与父母交换意见时，孩子希望他的意见能引起父母的重视。然而，此时的父母并不认真倾听，使孩子对父母感到失望，以致不再想与父母交流。

如何听取孩子的意见和感受，实质上是父母对待孩子的态度问题，在于父母和孩子的谈话或讨论问题时能不能以平等的方式交谈。

在日常生活中常见这样几种情形：

当孩子来到父母面前想说些什么或想征求意见时，父母或是不屑一顾，或是以有事拒绝；

孩子想和父母讨论他比较感兴趣的话题时，父母却心不在焉；

当孩子和父母谈话时，父母不是听孩子说，而是变成了父母对孩子的说教。

凡此种种，不愿听孩子讲话、不能以平等的方式与孩子交谈，孩子怎么会乐于与父母交谈？父母又怎么能了解孩子，怎么去教育孩子呢？孩子是家庭中的一员，父母应该以平等的态度敞开心扉和孩子谈看法、提建议、说愿望、道苦衷。

下面就是一个很好的事例：

妈妈刚下班回来，孩子就迎上去说有事对妈妈讲。

妈妈对孩子说："好的，等妈妈换双鞋子，我们到客厅慢慢说。"

妈妈拉着孩子坐在沙发上说："妈妈准备好听你讲话啦，说吧。"

孩子看着妈妈不好意思地说："班上好多学生都参加了美术课外兴趣小组，他们画的画可好了，都在黑板报上展览了。妈妈，我不会画画，可我也想画我喜欢的东西，你能让我参加画画班吗？"

妈妈认真地听完孩子的话，高兴地对孩子说："你想学画画，说明你很上进，妈妈当然支持你啦！不过，妈妈要提一个要求，你不能因为学画画耽误了学习，你能做到吗？"

孩子高兴地给妈妈敬了个礼，说："妈妈，你就看我今后的表现吧，我保证不耽误功课。”

看着孩子高兴的表情，我们不难猜到孩子今后的表现。

其实，每个孩子都在努力塑造自己，追求进步，关键是父母能不能了解孩子的行为目的、情感愿望。只要能从孩子的角度去感受他们的思想世界，用平等的方式与孩子讨论和他们切身相关的事情，孩子是愿意与父母交流，并信任父母的。

孩子在讲话时，父母要表现出很愿意与孩子谈话的样子，无论孩子在讲什么，父母都不要打断孩子的讲话，更不要插入批评的语言，让孩子把话讲完，父母要从孩子的立场去理解他说话的内容，使孩子感受到被重视、被接纳。

孩子对事物的感受，往往比他所接受的直接教育更能引发他的行为。所以，父母要重视孩子的内心感受，并对他的感受进行认真的评价，因为这会影响到他今后的发展。

无论是讨论家庭问题和社会问题，还是对孩子进行评价都要切合实际。不能跟着感觉走，随着性子来。比如，孩子一件事情没有做好，父母就夸大其词：“笨蛋，我已经说过一千次了，你为什么还做不好？”这种讨论方式对纠正孩子的错误于事无补，反而会导致孩子的逆反心理。

现在，大多数父母观念上也认同应当尊重孩子，但在日常的教育行为中，他们却做不到这一点。如果把他们和孩子讲过的话录下来，认真听一听，就会发现，他们在很多时候是用教训的口吻和孩子谈话的。这种不平等的谈话方式，当然不可能取得很好的效果。做父母的只有采取了解、倾听和关怀的态度与孩子谈话，孩子才会感到父母很尊重自己，自己也才会愿意与父母交流。

# 孩子期望父母支持他发展自己的兴趣和爱好

兴趣是促进孩子行动的最大动力，一个人只要对一件事感兴趣，他就会用心去学，就算没有人督促，他也会努力去做。因为孩子对一些东西产生了兴趣，他就可能把自己的兴趣和爱好作为奋斗目标，这样，他学习的主动性就会得到充分发挥，即使遇到的困难再大，他也会保持解决问题的斗志。但令人疑惑的是，有些孩子对一些事也不乏痴迷，但他们的努力却没有让他们变成某个领域里的精英，有的甚至还称不上是个人才，造成这种结果的主要原因就是没有给孩子提供很好地发展兴趣的环境。因此，要让自己的孩子成为一个人才，就要保持住孩子的兴趣，并且按孩子的兴趣提供合适的环境。

可能不少父母都清楚兴趣对孩子成长的重要性，但当孩子对一些事有兴趣以后，他们便以为孩子就可以自然发展了。其实不然，因为孩子对某件事有了兴趣，如果他的兴趣没有发展的环境，那么，他就不会因为有兴趣使自己有多大的提高。

我们就拿诺贝尔来说，他对火药有着浓厚的兴趣，而家庭环境也给他的爱好提供了广阔的发展空间，因为他父亲的工厂就是生产火药与军用产品的。另一个重要方面是，他的父母根据他的爱好，还把他送到美国，进一步对他进行有关理论知识的培养，这使得诺贝尔为自己的爱好打下了深厚的基础。更幸运的是，诺贝尔还能在父亲的工厂里施展自己的才华。看诺贝尔成功的过程，他不仅仅是有兴趣，更有一个与他兴趣相一致的环境，因此，诺贝尔成为了杰出人物。

所以说，要想让自己的孩子成为优秀的人才，父母就要围绕孩子的兴趣来培养孩子，按照孩子的兴趣来给孩子营造合适的环境。

不同的孩子，兴趣各有不同，但是，现在的孩子似乎都是统一地为文化学习而努力着，很显然不是所有的孩子都喜欢文化学习，其中有很多是被父母逼着去学的，这样，就造成了很多孩子在学习上是一个平庸者，因为他们的其他的优异潜质在文化学习的氛围中被埋没。一个孩子能成为天才，首先要按照他的兴趣来培养他。比如，孩子对音乐感兴趣，他往往只可能在音乐上成为一个天才，如果让他去学习他不感兴趣的美术，不管怎么培养，这个孩子都很难成为一个美术天才。其次，如果父母再按照孩子的兴趣给予孩子一个好的环境，那么，孩子就有可能成为一个优秀的人才。

那么，究竟如何按孩子的兴趣给孩子营造环境呢？

首先，要会选择孩子的兴趣。一个孩子可能对很多东西感兴趣，但在成材的过程中，孩子不可能兼顾到自己各个方面的兴趣。因此，父母要有意识地帮孩子选择一件他最感兴趣的事去做，父母在为孩子做这种选择时要注意的是：孩子的这种兴趣使父母更容易为孩子创造环境。比如，一个孩子同时对音乐、电脑、足球感兴趣，如果让孩子选择一项作为他将来的事业，那么作为一个普通人家的孩子，最好的选择莫过于电脑了，因为电脑已经普及了，孩子不缺学习电脑的环境。对于足球和音乐，一般家庭为孩子创造出学习足球和音乐的环境难度就会很大，孩子在今后往往会因为环境的缺失，使自己的兴趣不能得到很好的发展，从而变得平庸。因此，在孩子有多种兴趣可供选择的情况下，父母一定要引导孩子选择容易得到那种学习环境的兴趣。

其次，要为孩子营造出适宜的环境。一个适宜的环境可以给孩子一些激励，同时，也能为孩子兴趣的发展提供一些有利的条件。而在我们的生活中，父母能做的往往只是把孩子放到某种适宜的环境中去，他们不知道去为孩子营造环境。对于在学校读书的孩子来说，他们只有读书的环境，而有一个适宜他们兴趣发展的环境就显得非常可贵了。乔丹在很小的时候，他的母亲发现他对篮球很感兴趣，乔丹也向母亲表明了自己想成为篮球明星的梦想，他的母亲听后很高兴。此后，母亲常常鼓励他向一些球星学习，为了营造篮球学习的环境，她抽出一些时间帮乔丹买一些体育杂志，把其中明星的照片剪下来贴到乔丹的房间里。尽管母亲不喜欢篮球，她依然带乔丹去看篮球比赛，使乔丹生活在篮球明星的世界里。乔丹从这些明星中也得到鼓舞。可以说，乔丹的成长，与他母亲对这种环境的营造是分不开的。

所以，一个优秀人才的成长是需要有一定环境条件为前提的，而这种环境，总是与优秀人才的兴趣保持一致。同样，一个普通的孩子，父母只要给予他与他兴趣相一致的环境，他也会成为某个方面的优秀人才。

## 孩子在成长中需要得到自然的锤炼

对于绝大多数父母来讲，现在惟一的孩子就是家中的“小皇帝”，对孩子只是一味地宠爱，照顾得无微不至。因为在这些爱子心切的父母们看来，孩子年龄尚小，缺乏生活经验和思考判断的能力，所以一切事务都应该由父母做主，决不能让他们自己做主。

父母这样做，无疑是爱孩子，“为了孩子好”。中国有句民谚，“抱大的孩子走不好路”，由于父母从孩子一落地就把他们完全掌控在自己的手心，不给他们创造宽松、自由的成长环境，不给他们自由选择和自我做主的机会，长此以往，他们便会把父母对自己的这种“关爱”当成了理所当然的事情，天长日久，便养成了无论什么事都听父母的安排、由父母做主的习惯。

这种在父母精心设计的“温室”中成长起来的孩子，由于没有经历风吹雨打的机会，其生存能力是极差的，他们缺乏独立的精神，会逐渐形成自私、依赖的性格。难道这是父母希望看到的孩子的未来吗？父母的爱子之心可以理解，但是父母能管他一时，却管不了一生，孩子人生的路还很长，而且需要他们自己一步一步地去走，他们如果缺乏独立意识和自立能力，能走多远呢？所以，父母替孩子包办做主，在今天看是为了孩子，但长远来看，父母的过分宠爱对孩子未必是好事。

有些父母或许会说：“这些道理我都懂，但放手让孩子自己照顾自己，自己的事情自己做主，他们能照顾好自己吗？一旦放了手，他们受到伤害怎么办？走失了怎么办？……”关于这个问题有一位刘女士是这样回答的：

“那是一个春天的早晨，我带女儿到一家商厦给她买鞋，顺便买些零用的东西。给她买好鞋以后，女儿觉得逛商店太累，就提出在过道等我，我同意了。我10分钟出来看她一回，她很听话地在原地等我。后来，为买齐所有零用品，我就在商店里又逛了半个小时，这期间我忘了出来看女儿。可等我回到过道的时候，女儿却不见了。

“我的心一下紧张了起来。我吓得几乎哭出来了。商场的保安员帮我四处寻找，折腾了一个小时，当我们回来时，女儿却又在原地出现了，她扯着爸爸的手，我惊讶地呆望着女儿，仿佛她一下长大了，我没想到她竟会在遇到意外情况时，能想到离开商厦回家……

“那天晚上，我搂着女儿，久久不能入睡，我陷入深深的反思：10岁的女儿并不是我想象的还什么都不能做，应该放手让女儿对自己的事情做主，让她经受生活的锻炼。

“让她独自上街购买学习用品，让她独自收拾房间，让她独自做简单的饭菜……这样过了半年，我发现女儿长大了。她可以一个人做她力所能及的事情，没有大人在家时，她会把自己的一切料理得井井有条。不仅如此，她更加懂得体谅我和她的爸爸了。而我，再也不用为女儿放学晚几分钟回家害怕，再也不用为女儿一个人去同学家玩担忧，也不必为女儿独自一个人在家得不到照顾发愁了。

“我感谢那天的经历，实实在在给我上了一堂生动的教子课，让我明白怎样去爱自己的孩子。我对像我这样为人父母者最想说的是：对孩子事必躬亲是爱，而放手给她机会让她自己做主锻炼她的能力，应该说是更好的爱。与其死死地盯住、护佑她成长，不如放开手脚，留给她一个自由的空间。”

冰心曾经说过一句如诗一样的话：“让孩子像野花一样自然生长。”这位著名儿童文学家一语道破了当今千千万万对父母的过分爱护感到窒息的孩子们的心声：走出“温室”，由我做主，像野花一样自由自在地生长！这不仅是孩子们的心声，也是未来时代对当今孩子提出的要求。明天孩子们将进入一个更加多元化的、更加开放的时代，这个全新的时代对人才的基本要求是：独立的思考和创新意识，自发开拓、自主抉择能力。而这种能力的形成绝非一朝一夕之功，必须从小锻炼和培养。

为了孩子明天能够适应社会，父母们，倾听孩子们的声音吧！让他们像野花一样自由自在地生长！松开你的双手，还给孩子一个自由宽松的成长空间，让他们开眼界、经风雨、见世面、自主抉择，尊重他们的天性，那么，他们一定会茁壮成长，争相吐艳，最终结出丰硕的果实来！

# 支持孩子的野外集体活动

在现代，每到夏季由学校及一些专业俱乐部组织的各种夏令营活动多了起来，夏令营活动是孩子们的最爱，有条件的家庭，父母应支持自己的孩子参加这类活动。

真纳从印度调到美国工作，一天，他到朋友乔治家去做客。吃过晚饭后，乔治就急匆匆地带真纳去参观他的“藏宝室”。真纳看到在这个不大的屋子里，墙上和桌子上堆满了大大小小的证书，柜子里也放满了各式各样的纪念品。

真纳还没问，乔治就主动地向他介绍说：“这些东西都是我小时候参加夏令营活动时得来的。”真纳仔细一看，原来这么多东西真的都与夏令营有关，这里有多年前乔治从夏令营活动中获得的证书，有同伴们送的礼物，还有从比赛活动中得到的奖状。而上面所注明的夏令营的名称也不尽相同。有绘画夏令营、足球夏令营、丛林夏令营等，看来夏令营对乔治的影响不小啊！

谈起夏令营，乔治更是充满了兴趣，他说：“夏令营活动使我一生受益匪浅，我小小年纪就在里边担任童子军，现在我一直都很支持我的孩子们参加夏令营活动。”真纳看着满屋的证书和纪念品，终于知道了乔治在生活和工作中为何表现那么优秀。

在美国，绝大多数孩子的暑假生活都是在夏令营中度过的。美国的夏令营活动多种多样，从最传统的旅游夏令营、文艺夏令营和体育夏令营逐渐扩展到电脑夏令营、考古夏令营和航天夏令营等。这些夏令营活动丰富多彩，能够满足不同孩子的需求和爱好。另外，美国还有许多特殊夏令营，如“自闭儿童夏令营”、“糖尿病患儿夏令营”、“残障儿童夏令营”等。

这些形式各异的夏令营，一般持续 2 ～ 4 周的时间，资金大多由政府和团体来捐助，但是也会适当收取一定的费用，一般每个人要交纳 200 ～ 600 美元不等，不过，也有一些免费的夏令营。夏令营多采用野营的形式，由专门的人员带孩子们到海滨、森林、山区等地方，按照军事组织编制对孩子进行训练，同时他们还可以学习一些专业的知识。美国的夏令营活动可以照顾到不同阶层和收入水平的家庭，对孩子个人能力的培养和素质的全面提高起了很大的作用。

既然美国的父母和孩子都这么热衷于夏令营活动，那孩子们从中到底会有什么收获呢?

参加夏令营的孩子来自全国甚至世界各地，在参加活动的这段时间，他们要在一起学习，一起游玩，晚上还要集体睡眠。对于这些原本彼此不太熟悉的孩子们，要让他们在短短的时间里愉快相处并密切合作，这对提高他们的人际交往能力有很大的好处。孩子们会在这段时间内培养出深厚的友谊，即使是在夏令营结束后他们还会彼此联系，成为很好的朋友，这对孩子的一生都有很大的帮助。学习更多的知识，从而满足他们在这些方面的需求。例如，一个对体育充满兴趣的孩子，可以在暑期选择报一个体育夏令营，对绘画或音乐比较感兴趣的孩子可以选择绘画或音乐夏令营。而美国父母对于孩子做出的选择，也会给予很大的支持和尊重。小小年纪的孩子们在这里既可以使自己的兴趣爱好得到发展，又能得到其他方面的锻炼。著名的网球教练兼明星纪亚文就是因为 12 岁那年参加夏令营而开始学习打网球，从此对网球产生了浓厚的兴趣并取得了很大的成就。

毋庸置疑，利用假期的机会走出家门，参加夏令营，从活动本身而言就是对孩子知识面的一种拓展。孩子可以去不同的国家和地区，接触来自各个地方的同龄人，了解具有地方特色的独特风情，真正领略书本上没有的知识。所以，参加夏令营活动可以开阔孩子的眼界，扩宽孩子的知识面。孩子的好奇心一般都很强，他们对新鲜的事物有着很强的探索欲，而参加夏令营正满足了孩子对外界探知的需求，所以孩子们自然都热衷于参加夏令营。

另外，夏令营除了能使孩子的各项能力得到锻炼以外，孩子还会收获很多的快乐。孩子们不仅能在这里学到很多知识，同时丰富多彩的活动使孩子们过得既充实又开心。

现在，夏令营活动已经很普遍，为了让孩子过一个快乐、充实的暑假，父母不妨把孩子送去一个他喜欢的夏令营，去体验一下那里的生活。

# 第九章
# 孩子也像大人一样需要得到尊重

父母也会犯这样的错误：只知道要求别人对自己怎样，却从不审视自己的行为。例如：父母经常教育孩子要尊重长辈、师长，却忽略了孩子也需要父母的尊重。事实证明只有父母尊重孩子的独立人格，才有利于孩子身心的健康成长。

# 尊重孩子的“隐私权”

孩子也都有些自己的小秘密，这些小“秘密”属于孩子自己的世界，对此，父母需要给予尊重。那种“孩子有什么秘密，即使有，也需要大人知道”的做法和想法都是错误的。

有一个叫李扬的男孩，怕父母动他的抽屉，翻看他的日记和信件，便在抽屉最上面放了一张白纸，纸上放一根头发丝作为“封条”。第二天放学回家，李扬发现头发丝不见了，显然，抽屉被人动过。过了几天，他在抽屉里放了一张纸条，上面写道：侵犯人权！结果，抽屉还是被动过了。又过了几天，他将一张写着“窥视的人是不应受到尊重的！”。

这次可闯下了大祸！父母一反常态，当着他的面打开了抽屉，说：“要尊重就尊重父母师长，还轮不到你要求尊重。”李扬据理力争：“你们不要侵犯我的公民权好不好？”爸爸的脸上掠过一丝冷笑：“你在我面前没有公民权，在家中只是我的儿子，不是什么公民！我是你老子，看你的日记和信件是我的权利！”

偷看孩子的日记和信件，这对大多数中国父母来说是司空见惯的事。难道父母真的就不知道偷看别人的隐私是不道德的事？当然不是，大多数父母的出发点是良好的，他们希望自己的孩子健康成长，害怕孩子走弯路，做出一些傻事，所以总想了解和掌握孩子心里在想什么、背地里在干些什么。了解和掌握的重要途径就是偷看孩子的日记和信件。事实上，很多父母明知这样有些“不道德”，但在强烈的“责任心”的促动下，仍按捺不住这样的“不道德”举动，偷着在孩子的书包里寻其“越轨”的找蛛丝马迹。

父母的动机是不容置疑的，但他们却在有意无意中侵犯了孩子的隐私权。因为孩子的日记和信件是他们的隐私所在。特别是孩子的小日记本，可以说是他们表达自己所思所想和情感阴晴圆缺的一块“私密空间”，是孩子在排除任何外界干扰的情形下进行独立思考的产物和自我意识的表露。

许多孩子从小学高年级就开始写日记了。对未来充满好奇的青少年们，虽然与家庭成员、同学、老师朝夕相处，但仍不免感到孤独。他们认为，除了与周围人的共同话题之外，对自己来说，在许多问题上谁也无法理解自己。在此情形下，日记便成了他们倾诉心声的对象，他们认为日记是一个绝对不会向任何人泄密的忠实朋友，向日记倾诉能使自己得到安慰，无论怎样为自己辩护，也不会受到它的责备和刁难。

所以，日记的内容可以说是每个孩子的“绝对隐私”。孩子对自己的日记采取各种措施予以保护，就是在保护自己的隐私，是再正常不过的了，同时也是《联合国儿童宪章》赋予地球上每一位孩子的基本权利。

在尊重孩子的隐私权这一点上，中国父母实在应该向美国父母学习。在美国家庭，父母能不能进孩子的房间，决定权完全在于孩子。当父母敲门后，得到孩子的许可，才能进去，而且进入后毫无行动自由。但在中国，如果孩子不让父母进入自己的房间，那简直是“反”了。

中国人的“人治”观念根深蒂固，反映在许多父母的观念中就是：我是一家之主，我就是“法”。孩子是我亲生亲养的，难道有什么可以向我隐瞒的吗？我是你父母，你的事让我知道天经地义？爱你才将你的一切握在手中。一言以蔽之，父母对孩子，管生育、管吃饭、管穿衣、管学习、管睡觉，几乎所有的事都管，岂能漏掉所谓的隐私部分？也就是说，对于孩子，父母没有什么不应该知道的。

在上述思想的作祟下，孩子在家里的“秘密”也无藏身之处。当孩子发现父母光顾了自己的“私密空间”，就会因为父母不尊重自己而产生逆反甚至怨恨心理，他们会采取更有效的措施保护自己的“私密空间”，更为严重的是，也许从此以后他们在心灵上与父母产生了难以逾越的“鸿沟”，更不要说主动和父母谈谈自己的心事了。身为父母，也许从此再也无法了解到孩子的真实心理状态了。

无疑，对于孩子的私人空间父母必须予以尊重，不能肆意干涉，更不能偷看。只有这样，孩子才能感受到父母的尊重，那么，他们在家中和学校就会尊重父母、尊重老师和同学，在未来的人生道路上尊重他人，这有利于他们培养自主、自尊个性特质。当然，这对于维持和谐的亲子关系和祥和的家庭氛围也大有裨益。

## 不要拿孩子的建议不当回事

要让自己的孩子未来出类拔萃，成为受人尊重的优秀人才，从小就应给孩子以必要的尊重，父母对孩子的尊重也决定着孩子更珍惜自己的尊严。孩子虽小，但他们也有人格尊严，认知世界时有自己的独特视角，他们有表达内心感受、阐述自己观点的愿望。父母应重视他们的建议，对于他们提出的合理的好建议，要接受并给予落实表扬，这样会更好地促进他们思考，有助于他们更健康地成长。

下面我们看一个生活实例：

一天，李女士带5岁的儿子坐车去看朋友。

刚上车儿子还挺开心，渐渐地就嚷着要下车。李女士估计是儿子觉得没意思，就赶紧指着车窗外逗他。但儿子还是不依不饶地要下车！

周围的人都在看着他们，似乎在说："这孩子怎么这么不听话呢？"这时，李女士的火一下蹿上来，大声训道："你说下车就下车啊，车能随便停吗？"妈妈一吼，儿子确实不吭声了，但没一会儿，儿子突然一呕，吐了一身。李女士这才慌了神，儿子用小手指了指胸口，怯怯地说："妈妈，我这里不舒服。"李女士才明白，原来儿子是晕车了，但又不知道怎么表达，所以嚷着要下车。

看着儿子煞白的小脸，李女士既心疼又愧疚，暗暗自责：为什么我不能先弄清楚原因，再想办法解决，孩子心里不委屈，也许就不会那么难受了。

父母批评孩子时爱说："你总是无理取闹。"其实孩子哭闹都是有原因的，大人们总是不给孩子诉说的机会。孩子的诉说是多种多样的，他们用纠缠大人来诉说失去了安全感；用发脾气诉说自己被干预的烦恼；用不停地索要物品诉说自己精神的空虚；用尿床和夜惊来诉说自己承受了过多的压力……

如果父母不懂得孩子的这些诉说形式，甚至孩子还没说完就打断他的倾诉，会让孩子十分气恼和伤心。我们时常能看见孩子刚要说话，父母就在一旁打断孩子，自己说自己的。这会让孩子很自卑。

比如，小明带两个小朋友对妈妈说："明天我们去动物园看动物，他们两个的妈妈都答应了和我们一同去，你也要去。"可妈妈当场回绝说："不行，我明天还要上班呢！"听小明的妈妈这样说，另外两个小朋友转身就都走了，让小明很没面子。

有的父母从不重视孩子的建议，让孩子尴尬难堪。例如，孩子从外面跑进来兴奋地说：“妈妈，我刚才去了玩具店，看到一种神奇的组装机器人。”妈妈认为孩子想要买那个机器人，赶紧打断孩子说：“妈妈没有钱，你该知道吧。”结果，孩子马上就不高兴了，孩子提起机器人未必就是想买，所以父母一定要认真倾听孩子说话。

有的父母对孩子的话一直都是不重视。比如，孩子说：“妈妈，我可能是因为书包太重了，所以头疼，肩膀也疼。”妈妈虽然心里很担心孩子，嘴上却说：“你看，昨晚我不是让你别玩电脑，早一点儿睡觉吗？”这个对话就此中断了。孩子一声不吭地走进房间，紧闭房门。

父母没能抑制住自己想说的话，让孩子产生了反感。与孩子对话的时候弄清楚孩子的真实想法很重要。多一点儿耐心，等孩子表达出完整的意思后，再发表自己的看法，才是对孩子的尊重。

## 对孩子要做的事，父母应提建议而不是替决断

父母爱孩子，更要尊重孩子，爱孩子但不尊重孩子自行做事的权力，那也不是真正的爱。

有一位朋友最近发现自己女儿的行为有点反常。以前，女儿每天放学回家做完功课后都会去找邻居小朋友圆圆玩，妈妈不打电话叫她回家吃饭，她甚至都想不起要回家。但最近女儿没有出门，做完作业就自己一个人在

房间里看漫画，一副闷闷不乐的样子。妈妈禁不住问女儿："你最近是怎么了？总是不开心的样子，也不去找圆圆玩了，是不是跟圆圆吵架了？"

原来，女儿上次去圆圆家玩，看到圆圆有一本植物画册，圆圆看女儿喜欢，就借给女儿，并叮嘱女儿一定要保存好了。女儿非常高兴，每天都把书放在书包里，一有空就拿出来看看，可是前几天女儿发现书不见了。找了所有可能放书的地方也没找到，所以不知道应该怎么面对圆圆。

妈妈听完后说："那你还不赶快跟圆圆道歉。"妈妈坚决的态度，让女儿觉得事情可能很严重，更觉得害怕了。

"不行啊，那是圆圆很喜欢的，是他爸爸从日本给他带回来的。他自己还没看完就借给我了，如果知道书丢了，圆圆一定会很生气、很难过的。可能以后都不会再理我了。"女儿一脸紧张。

"那也不能永远不告诉人家吧，你现在赶快去告诉人家！"妈妈大声命令说。

女儿只好皱着眉头出门了。

每个人都有自己处理事情的一套办法和模式，孩子也一样。在父母看来，孩子永远是长不大的，不具备理智地分析和解决问题的能力，所以总是否定孩子的想法与做法，以致因为观念的不同而发生争执。孩子有自己的想法，也希望有表达想法的机会，但是很多父母却忽略了这一点，急着给孩子做决定，不给孩子说出想法并自己解决问题的机会。

女儿已经意识到问题的麻烦，心里够苦恼了，希望得到父母的帮助，但结果得到的是妈妈的一顿斥责。虽然女儿最后在妈妈的逼迫下出了门，但可能未必会真心地道歉，也可能会用撒谎来对付妈妈的强硬。因为她还没想好要怎么对圆圆开口。

妈妈其实可以用另外一种方式来处理这件事情：孩子没在第一时间向

对方说明情况，一是因为害怕，另外可能觉得说不定会找到书。所以，不用先逼孩子去认错，可以帮孩子再找找书，是不是真的丢在什么地方忘记了。也可以试着问问孩子：“那么你想怎么做呢？”一般来说，在面对问题的时候，孩子都不会善罢甘休，也会千方百计地想办法，等待着转机。如果女儿表示不甘心，想要再去找找书，妈妈应该鼓励她，或是陪她一同去找。如果找到了，问题自然解决了；如果没找到，孩子会抛弃侥幸的心理，心甘情愿地去承认错误。尽管都是道歉，这却是孩子自己的选择，态度和语气自然不同，效果也会不一样。

孩子有自己的想法与做法，也希望可以靠自己的力量，以自己的方式来做决定或解决问题。如果父母总是用命令的口气去跟孩子说话，不管父母的出发点有多好，孩子都会产生不被尊重、缺少自由的感觉。即使父母心里已经有了决定，也要先听听孩子的意见，让孩子有受尊重的感觉。

## 尊重孩子的朋友

生活中，朋友是不可或缺的，大人有朋友，孩子也有朋友。既然是朋友，朋友之间就应是相互帮助、相互呵护。甚至是一荣俱荣、一损俱损，如此，朋友也才称得上是真诚的。关于这一点对于成年人，特别是对于已有朋友的孩子的父母来说，更应明白。如不注意，就很有可能会伤害到孩子的朋友以及孩子本身。

一个星期天，小伟带着既是同学又是好朋友的小超来家里玩，当孩子们在下棋的时候，妈妈端着一盘水果进来，并坐下问小超："你这次期中考试成绩怎么样啊？"

小超不太情愿地说："啊，还可以吧。"

"你考了第几名啊？"妈妈追问道。

小超一脸尴尬，有点无助地看着小伟，希望小伟能解救他。

"妈，别说话了，我们在下棋呢。"小伟帮小超挡驾。

"我是关心嘛，小超你考了第几名啊？"妈妈还是不放过这个问题。

"我……考了 30 多名……"小超不太好意思地回答。

"哎呀，这样的名次你可要多加油了，别总想着玩了。小伟考了第五名，都还要天天请家教补习呢。"妈妈说完，别有用意地看了小超一眼，放下水果，离开了小伟的房间。

不一会儿，小超就借口有事情，离开了小伟家。小超走后，小伟气鼓鼓地对妈妈说："你干吗这样不给人面子啊？"

妈妈也不太高兴地对小伟说："你怎么能跟学习成绩那么差的人在一起啊。"

"我和小超在一起怎么了？我就是喜欢跟小超玩，他成绩好坏与是不是能成为我的朋友有关系吗？你干嘛一定要当着我的面伤害我的朋友啊？"小伟跟妈妈吵了起来。

"当然有关系！你以后不能和这种坏孩子在一起玩！"妈妈也生气了。

"成绩不好就是坏孩子？妈妈你怎么这么不讲道理！"小伟哭着进了自己的房间，把门狠狠地关上。

在这里，因为小伟的妈妈没有给小伟的朋友以足够的尊重，结果弄的小伟的朋友没面子，小伟对妈妈的为人也打了折扣，应该说，孩子和父母都是受害者。对孩子来说，朋友是无好坏的，孩子会和什么样的朋友在一起，一定是对方有某些特点能满足孩子的需求。父母如果以成年人的价值观和看法去评价孩子的朋友，势必会引起孩子的反感，就像小伟与妈妈争吵一样。

很多父母只想让自己的孩子和成绩好的孩子做朋友，而远离成绩差的同学，一旦发现自己的孩子与成绩差的同学交朋友，便会感到惊恐万分，生怕成绩差的朋友影响了自己的孩子，虽然父母的担心是可以理解的，但是无形中父母就为孩子示范了一次“功利”教育，教会孩子不要“平等”待人。

父母尊重孩子，就要尊重孩子交友的选择，尊重孩子的朋友，这样不仅可以让孩子感受到父母对自己的尊重，从而更加信赖父母，而且还可以增进孩子之间的友谊和交往，培养孩子团结友爱、协作互助的良好习惯。要引导孩子在交往中取长补短，成绩差的朋友可能篮球打得好或美术突出，父母需要做的是教孩子学会辨别，分辨出朋友哪些地方是值得学习的，哪些方面需要摒弃。父母要避开矛盾的冲突点，把交朋友的事交给孩子自己决定；父母的职责是提醒孩子，某位朋友有哪些不好的习惯，和他在一起时要谨慎，不要受到不良影响。而不是一味地挑剔孩子的朋友，或是武断地要求孩子不要跟哪个人交往，要跟哪个人交往。这样会使孩子非常反感，也会让父母在孩子心目中的正面形象受损。

父母应该鼓励孩子与朋友交往，当孩子有了朋友之后，父母应该通过赏识和尊重促进孩子之间的交往，也应肯定孩子交朋友的眼光，比如对孩子说：“真高兴你有了自己的朋友，听说你的朋友很棒，你们应该互相关心，互相帮助。”或者说：“听说你交的朋友很出色，什么时候带他来家里面玩啊。”

要欢迎孩子的朋友到家里来。把孩子的朋友当成自己的朋友，采取热情欢迎的态度。当孩子的朋友来家里时，父母应该热情地欢迎，像对待自己的朋友一样，这样会让孩子觉得自己在家里的地位是跟大人平等的，也会让孩子的朋友感受到尊重。

父母尊重孩子，要惠及到孩子的朋友，这样不仅可以让孩子感受到父母对自己的尊重，从而更加尊重父母，而且还可以增进孩子之间的友谊和交往，培养孩子团结友爱、协作互助的良好习惯。

## 父母要避免用过度的语言去刺激孩子

现实中，有些孩子因各种原因，可能会犯一些错误，这时有些父母可能就会控制不住自己的情绪，对孩子说一些过度的话。父母本意是好的，在于激励孩子，但孰不知这些过度的语言也会伤害孩子。

事实上，对孩子说粗暴的、强制的、专断的话语只会伤害孩子的自尊心。事情过后也许还可以弥补，但对孩子的伤害却有可能是永久性的。父母若能在孩子童年的时候保护、培养孩子的自尊心，那将使孩子一生受益。一个有自尊心的人会尊重别人，也会爱护自己、充实自己，一个自尊自爱的人会对社会有益，对别人有爱心。

丽丽中午放学回家，看了一眼桌子上的饭菜，顿时觉得饱了，于是无精打采地伏在餐桌上，不肯吃饭。妈妈以为丽丽不舒服，便问："丽丽，你哪里不舒服？要不要去医院检查一下？"没想到丽丽小嘴一撅，大声叫道："我不爱吃这个，我要吃肯德基！"妈妈顿时火冒三丈，生气地责怪丽丽："你这孩子怎么这么烦人？不努力学习，倒挑起吃的来了。"听了妈妈的这一回应。丽丽低头不再说话，这一天过得很不开心。

孩子喜欢快餐、零食这类食品是无可厚非的，妈妈生气，责怪丽丽，我们也是可以理解的，但是关键是妈妈生气时所说的话伤害了丽丽的自尊心。父母在批评孩子时必须讲清道理，指明正确的做法。在生活中，孩子经常会做一些大人无法接受的事，也许大人会觉得难以忍受进而对孩子大加指责。如果换一个角度思考，成年人也是从孩子一步步成长过来的，也有自己年幼惹父母生气的时候。父母回味一下自己当时的感受，也许在孩子下次犯错误的时候就不会再用过激的话责怪他们了。

胜男的家在农村，后来通过父母的努力进了城，但生活还是不富裕，每月的收入只够当月开支，所以给女儿的零花钱十分有限。胜男在学校里看着同学们穿着时髦的衣服，而自己的衣服显得很土，也不能购买那些华丽的文具，越发自卑。她开始怨恨爸爸妈妈，讨厌这个家。有一天吃晚饭，她看着桌上仅有的青菜，再也忍受不住，突然向父母发难："既然你们没有钱，为什么要生我出来受苦？"父母听后很伤心，但是他们想起自己小时候过的苦日子，安慰胜男说："现在我们是穷，但只要爸爸妈妈努力工作，我们的生活就会越来越好。"胜男听了以后虽然心里还是不高兴，但晚上自己仔细想了想，父母是有志气的，说的也对，别的同学家里条件好，不也是父母努力的结果吗，这样心就平和了下来。

胜男的父母在听到女儿的指责和不满后，心里肯定很震惊、很生气，肯定没有想到孩子会说出这样的话。或许这话要是有些父母听到可能会大发雷霆。但是仔细想一想，严厉的斥责，是否就真的能够从根本上解决问题？孩子毕竟是孩子，还不很懂事，父母在考虑自己心情的同时，要顾及孩子的自尊，千万不要让自己一时的冲动伤害了孩子的自尊心。所以说，与其对孩子说气话，倒不如冷静下来和孩子倾心交谈。父母要学会克制自己，保护孩子的自尊。

如果父母总是不尊重孩子，动不动就恶言相向，横加指责，也不说明道理，用家长的气势去压倒孩子，明知自己错了，也死不认错，反而让孩子按照自己的想法去做。重压之下的孩子当然是口服心不服。长此以往，孩子或者会产生强烈的逆反心理，父母说什么他都不爱听，不愿做，还与大人对着干；或者被吓得畏畏缩缩，服服帖帖，凡事没有主张，全听父母的。后者永远只会是父母的孩子，没有个性，没有前途。

为了避免伤害孩子的自尊心，父母要认真考虑将要说出口的话，提醒自己不要随意张口，先在心里掂量一下说出来是否合适，孩子听了之后能有什么样的反应，等等。如果父母每次想对孩子发火时都能这样审视自己，久而久之，父母对情绪的控制能力就会越来越强，面对孩子时也就能心平气和地去倾听、理解。

要多鼓励孩子，采用积极性的语言教育孩子，时时刻刻注意不要对孩子说伤害话，尤其是在“恨铁不成钢”或气急败坏的情况下，更要保持理智，控制好情绪，做到循循善诱。避免说出诸如“你怎么越大越烦人”、“你怎么就不能像人家……那样呢？”、“我刚才是怎么跟你说的？”之类的话。这些话语都会刺伤孩子的自尊和心灵，让孩子身心受到打击。对此，做父母的应时时予以注意，避免犯这样的错误。

# 不能看低孩子

做父母的在任何时候，都不能有意或无意地看低孩子，这是因为孩子的发展是有阶段性的。显然，以成年人的标准看待孩子有失公允，孩子是有自尊心的，也有对问题判断失误的时候，看低孩子会损害孩子的自尊心。父母常常会有一种孩子在自己身边永远长不大的意念，认为孩子只有到了一定的年龄，才能独立做事。其实，父母往往小看了孩子的能力。有的时候，有些事孩子明明可以做得很好，父母却不给孩子机会。而且最为可怕的是，父母的这种做法往往会使孩子失去自信心，减弱进取心。

比如，父母习惯于这样向孩子说话，“你怎么又把房间搞得这么乱”，“你总是把衣服穿反”，“你就不能老老实实地呆一会儿吗？”，等等。

这类话都向孩子显示出他们是多么无能，多么缺乏经验，从而使孩子慢慢失去信心，失去锻炼自己的自觉性。所以，父母不应该总是看低孩子的能力。很多事情，只要不是太复杂、太困难，都应该放手让孩子去尝试。而对孩子由于经验不足而做出的幼稚行为，父母应当包容，进行纠正，而不是打骂和讽刺。

另外，当孩子表达自己的意见时，父母一定要认真倾听，要用理解的心去接纳他们，这表示尊重孩子的人格。孩子说得不完整，父母可以补充；孩子说的有偏差，父母可以纠正。

比如：“妈妈的意见和你不一样，我觉得……更好，你觉得呢？”或者，“妈妈认为……你再仔细考虑考虑，总结一下再下结论。”

父母千万不要对孩子的不成熟想法泼冷水或是讽刺和嘲笑，这样会使孩子不愿和父母交流。

孩子总是希望得到夸奖，父母向孩子请教，这就是对孩子能力的最大肯定，所以每一个孩子都会心甘情愿为父母提供指导。

著名教育家陶行知先生说：“人人都说孩子小，谁知人小心不小。你若小看小孩子，便比小孩还要小。”其实孩子像大人一样，也是一个独立的个体，他们希望得到别人的理解和尊重。尤其是孩子进入青春期后，往往觉得自己已经是成年人了，这就更需要父母耐心地教导，并给予正确的示范。因此，父母应注意相信自己的孩子，不要对孩子存有偏见。

每一个孩子都有自己的特点，这要求父母应深入了解孩子，找到孩子的不同点，采取不同的方法。让孩子对自己有正确的认识，不要怀疑自己的能力。要让孩子认识到，每个人都不可能是完美无缺的，只要他们敢于尝试，敢于面对，就能塑造更好的自我。

另外，小孩子最希望大人们能够认可他们，如果父母能够像对待成年人一样听取孩子的意见，会更好地促进孩子的成长，以及他们责任感的养成。

在日常生活中，父母不妨同孩子一起分析自己的经历，说说自己工作中的烦恼和麻烦，谈谈自己以往的失败。这种聊天似的谈话，实际上是把自己的经验教训传递给孩子，这不仅对孩子是最珍贵的礼物，而且可以让孩子对父母的情况更加了解，也懂得如何关心父母，有助于孩子形成责任心和爱心。

# 教育不能来硬的

在日常生活中，孩子可能会表现出一些不好的习惯，或做出一些不该做的事，帮助他们改正坏习惯和避免犯错误，是父母的责任，但父母在教育孩子时不能主观臆断，要照顾孩子的情绪和感受。

上小学三年级的程功在房间里做作业，妈妈从厨房到客厅，正好看到房间里的程功趴在桌子上写作业。“程功，跟你说了多少遍了，不要趴着写作业，你怎么还趴着写？快挺直腰板！”妈妈的声音像打雷一样传进程功的耳朵里，程功下意识地挺直了身体。

但是，不一会儿，他又趴了下去。这时，妈妈正好到房间里来叫他吃饭。

“哎，你还屡教不改了是吧！”妈妈开始斥责起程功。

“我愿意。你烦不烦呀！”程功不满地说。

“还嫌我烦了！我这是为谁好呀？以后变成近视眼看你怎么办？”妈妈有点生气地吼道。

“变成近视眼就变成近视眼！”程功小声地说。

“什么？你这孩子怎么这么不懂事呀？还学会了顶嘴！”妈妈叹息道。

“我本来就没什么出息嘛！”程功附和道。

“真是白养了你，早知如此，就不应该生你！”妈妈说。

“我又没叫你生我。”程功说。

“你……”妈妈气得打了程功一巴掌。

程功索性躺在了床上，不写也不吃饭了。

类似这样的事情会经常在家庭中上演。父母本来都是好意，都是为了孩子好，希望孩子不要做什么，告诫孩子应该怎样做才好。但是，许多父母却不知道怎样来表述自己的建议，往往把好好的一个建议，变成一种命令与强迫。结果，孩子不但不领情，反而对父母产生了逆反心理，使许多父母整天在哀叹“可怜天下父母心”中度过。

实际上，父母只要转变一下表述的方式，尝试用提建议的方式来教育孩子，孩子是能够接受的。

上初三的丹丹收到了一封情书，她怀着忐忑不安的心情，把情书藏在了书包的内袋里。但是，敏感的妈妈还是察觉到了异样。因为，家里经常会打来奇怪的电话，当妈妈接起的时候，电话就挂断。当丹丹接电话的时候，总是神神秘秘的，声音轻的别人听不见，有时候则说让对方明天再打。

一天晚饭后，家里又来了电话。丹丹跑到自己房间里去接电话。

妈妈对爸爸说：“女儿可能早恋了，怎么办呢？”

爸爸说：“那可真是件棘手的事。但是，我觉得我们应该镇定。千万不要批评她，有人喜欢你女儿，说明你女儿比较优秀嘛！”爸爸开始调侃妈妈。

“你别瞎说，我晚上得找丹丹谈谈。”妈妈对爸爸说。

晚上，妈妈到丹丹的房间里，丹丹正在看书。

“丹丹，作业做完了吗？”妈妈问。

“做完了，妈妈。我在预习明天老师要讲的新内容。”丹丹说。

“我女儿真用功。”妈妈禁不住夸奖道。

看到妈妈坐在自己身边，好像有事要谈。丹丹问道："妈妈，有什么事吗？"

妈妈说："也没什么事，只是有空想和你聊聊。"

"聊什么呀？"丹丹问。

"妈妈真羡慕你呀！"妈妈故意说。

"我有什么好羡慕的，每天要读书。"丹丹故意苦着脸说。

"你看，现在你有那么多的朋友，你们可以打电话聊天，妈妈那个时候可根本没有电话，朋友也很少。"妈妈说。

"哦。"丹丹似乎知道妈妈的暗示了。

"你要珍惜同学之间的友情呀！妈妈时常想，小时候要是有那么多的朋友，成年后就是一种财富呀！"妈妈说，"人与人之间的友情可以延续一辈子，大家互相帮助，相互进步，以后一起上高中、上大学，你想想，多美好呀！"

丹丹也有点憧憬起美好的未来了。

紧接着妈妈又对丹丹说："孩子，妈妈一向是很开明的，妈妈希望你活泼开朗，希望你多交朋友。但是，妈妈也有个建议，你要不要听听？"

"说吧，妈妈。我愿意听。"丹丹说。

"妈妈建议你在交友过程中遇到什么问题要与妈妈商量，你现在还是学生，要以学习为重，不能因此荒废了学业，知道吗？"

"我明白了，妈妈。"丹丹不好意思地看了看妈妈。

"妈妈知道丹丹长大了，妈妈不会干涉你的事情，但是，你自己一定要有个度，知道吗？"妈妈微笑地征询丹丹的意见。

"我一定会的。我刚才还在担心妈妈会怎么对我说呢，现在我知道妈妈是我的好老师。"丹丹调皮地对妈妈说。

一般来说，在孩子的成长过程中，父母是孩子的良师、顾问。但不是指挥者、操纵者。对于孩子的行为，父母应该以建议的方式引导，而不能经常性地命令、控制。

美国成功学家卡耐基说：用“建议”，而不是下“命令”，不但能维护对方的自尊，而且能使他乐于改正错误，并与你合作。这句话对父母来说也是很好的忠告。

应该说父母的人生经历要比孩子丰富得多，甚至现在孩子的难处自己也曾经经历过。因此只要认真思考，冷静处理，就一定能够给孩子一个好的建议，受到孩子的欢迎。

父母在给孩子提建议时，一定要充分考虑到时代的发展变化，不能以老眼光、老黄历来衡量现在孩子所遇到的问题，否则即使孩子接受了父母的意见，心里也是很不情愿，问题也终得不到妥善解决。

# 第十章
# 孩子希望父母能为自己点亮一盏指路明灯

实事求是地讲，每一个正在成长的孩子，无不希望自己能独立做事，特别是渴望完成一件事或做好一件事，给小伙伴儿看看，给同学看看，给父母看看。但坦率地讲，多数的孩子有这样的心，但还缺少这样的能力，他们有时做不好事却还要犯错误、受挫折，这时孩子迫切需要的是父母们能理解他们的良好动机，并帮助他们总结经验，为他们的成功指明方向。

# 孩子渴望父母为其提供发展的空间

时下很多父母认为现在孩子的教育条件已经足够好了，几乎是要啥有啥，孩子不成才是孩子的事，但他们忽视了一个重要的问题，就是社会和学校教育还不能满足孩子的求知需要。举个例子说：一个孩子从小学到高中，在这个过程中，更能发现一个人的智力优势。但是，现有的教育体系存在的不足使孩子的发展空间很有限。看现在学校所开设的课程不难发现，除文化课以外，也开设了体育、美术、音乐、手工等课程，但存在的问题是：这些课程的设置，不能完全满足所有孩子的要求；第二，这些课程往往因为文化课的重压，使得孩子无心顾及，学校也无法满足到位，这些无法改变的事实，使孩子获得的知识很有限。

而一个优秀人才的产生，往往都是摆脱了惯有的教育束缚，例如，拥有“数字王码”之称的王永民教授小时候能在父亲的“车间”做手工，在当时，学校就没有手工课，但王永民并没有拘泥于当时那些课程的设置，一头钻进去而不顾其他。家里的这个条件，使他的发展空间比一般人宽广，这也是他能成为优秀人才的重要原因之一。

当父母明白了这些道理以后，在培养孩子的时候，就要善于拓展孩子的发展空间。一个优秀人才的培养，往往需要以下条件。

**1. 认识空间**

可以说，对学校以外的天地，孩子在认识上是盲区，当然，父母不能要求孩子超越认识自身的局限，能认识到精神、生命、社会、自然这些高深的东西。按照孩子的特点，父母至少要让孩子认识一些基本的东西，比如，让孩子了解不同的职业类别、科学类别和人文类别等，能使孩子更好地选择适合自己智力优势的事去做。

因此，父母要以孩子的发展为准则，来拓宽孩子的认识空间，不然，孩子就会变得僵化刻板。宽广的认识空间，能让孩子的发展有更多的选择。

2. **硬件条件**

一个优秀人才的培养，往往需要一些较好的环境和物质条件，因为他们的思路宽广，对硬件的需求就会比一般人特别。父母要为孩子提供一些特需的条件，孩子才能很好地成长。举个例子说，父母只有为孩子配备了电脑，也才有可能让孩子成为一个电脑行家；父母为孩子购置了钢琴，孩子才有可能成为一个弹钢琴的高手……如果孩子不接触电脑、钢琴……那他们就没有机会成为这一方面的人才。

对于一个家庭来说，父母无法为孩子提供千万种硬件让孩子去选择，想在硬件上为孩子拓宽发展空间，就需要父母做到以下两点：一是利用社会资源，勇于让孩子去尝试；二是家庭的教育硬件资源的配置，一定要拿准孩子的兴趣爱好。给予孩子多一些发展条件，让孩子去选择自己最喜欢的、最有兴趣的事去做，这样，孩子某些天才的特质就不会被埋没。

总之，为孩子营造发展空间，有利于孩子发挥自身优势，也更容易促使他在所学的领域内有更大的建树。

## 帮助孩子学会自己动手

每个成长中的孩子都希望自己能像大人一样地做事情，但他们都是初学乍练，迫切需要大人的帮助和指导，做父母的对此绝对不可不理不睬，而孩子也只有养成自己动手的意识才能做有所成。

让孩子学会做事情，对孩子的成长有很好的促进作用，这也是一个优秀人才的成长经验。这些经验包括：

1. **让孩子做事，使能力得到提高**

一个人能力的高低，文化水平不是唯一的决定因素，还需要实践锻炼。古语说“行万里路胜读万卷书”，就是告诉人们实践的重要性。一个人书读得再多，如果缺乏做事的经验，也不会有什么超强的能力。古人又有“百无一用是书生”的说法，指的就是“书呆子”不一定是人才。因此，父母在培养孩子的时候，不要一味地只注重文化的学习，更要有意识地让孩子动手去实践，这样使孩子在学习文化的同时，能力也能得到提高。

有的父母以为孩子的能力培养就是让孩子学习弹琴、画画、跳舞……其实不然，能弹琴、画画、跳舞固然是一个人能力的体现，却不是主旨，让孩子自己动手做事，能使孩子获得的能力更全面，这种能力能使孩子很好地学会弹琴、画画和跳舞。比如，让孩子烧水去沏一壶茶。孩子如果从没有做过这件事，他就会先看水开了才会去洗茶壶、放茶叶，这样就会费时、费燃料，水开的时间太长喝了还不利于人的身体健康。这是缺乏做事经验的结果，但如果孩子经过多次烧水有了一定经验以后，他就会摸索出一些提高办事效率的方法：在烧水的空隙里，他会洗茶壶、放茶叶，这些备好后，等水一开立刻就可以泡好茶了。这样，就会省时省能源。潜移默化中孩子在这件事上就学会了统筹规划，以后在做事的时候，他就会知道如何提高做事的效率、如何运用一些做事的技巧等。这样，孩子的能力就得到了提高，这样的孩子去学习弹琴、画画和跳舞的话，一定比没有经过锻炼的孩子学得要快。

2. **让孩子尽早做事，能让他把事情做得更好**

实践证明：一个人对一件事接触越早，就会对这件事了解得越深，事情做得也会越精，让孩子做事的目的也在于此。一个天才，往往就是对一件事比其他人有更深的了解，这样做起来就会比别人做得快，做得好，这种与众不同就是被人称为“天才”的原因。

安徽皖西有个著名的茶叶大王叫柯友强，他的茶叶生意做遍全国各地。他在把霍山的黄芽茶推向全国的同时，自己也赚到巨额财富。在小时候，他的父母从来不娇惯他，总要他去劳动。他家有块茶园，每当春季来临，父母总会留下一块茶地，让上中学的柯友强在课余时采摘，他的零花钱也主要是在这块茶地上获得。开始时，柯友强摘下青茶就卖给了茶贩子，不久柯友强发现，如果把青茶炒成干茶来卖的话，价钱能翻好几倍，于是，他就学着在家里把青茶制成干茶来卖。在制茶的过程中，柯友强又发现同一种茶炒得越好价钱就越高，这是决定茶叶价格的关键。于是，他又钻研如何把茶炒得更好。渐渐地，柯友强摸索出了一套炒制黄芽茶的方法，他发现，如果用米来炒茶，这样能更好地控制茶味、茶形和火候，这一新发现使得当地很多茶农都向这个十几岁的少年学习炒茶技术。就在柯友强上大学第一年，他还发明了用小滚筒炒茶技术，他发明的小滚筒还申请了专利，因此，柯友强被当地人称为“制茶专家”。后来，他在家乡建起了茶厂做起了茶叶生意。没过几年，他就把当地的黄芽茶做成一个品牌推向了全国，有一部分还出口到日本。

所以说，让孩子从小做一些事情，因为他们接受能力强，并且有一定的闯劲，就能很好地掌握做事的技巧，能把别人看似平常的事做得与众不同。因此，一个天才的造就，就是让他在小时候就学会做事情，在做事中锻炼，在做事中成长。

# 孩子在六个方面希望得到父母的帮助

父母在教育孩子上所起的作用是不同的。在一般家庭里，通常妈妈是主角，对此，有些做妈妈的觉得不知所措。有位母亲说："我看到的文章全是说'子女需要这个，需要那个'，令我感到自己永远做得不够。有时我感到精疲力竭，像块挤干了的海绵，再不能挤出水了。可是，我真想给孩子以最大的满足。"

然而孩子的各种需要轻重不一，父母一定要知道孩子最需要什么帮助？据专业人士总结，孩子大致有六个方面需要父母给以关注：

1. **性情培育**

父母要以身作则，让孩子明白待人接物要亲切有礼，知道这和学业成绩、行为表现同样重要。

性情培育可以帮助孩子发展"感情智慧"，即了解他人需要的能力。这样的人会有较佳机会出人头地。贝尔实验所的一系列研究显示，工作表现最好的工程师不一定"智商"最高，却最善于和同事协调合作。

2. **少贬多赞**

一个人受到赞美会热情倍增。过分批评会令孩子做事时有所顾忌，放不开手脚，不利于做好事情。

工商管理顾问杰克·罗森勃隆说："称赞孩子也要讲究方式。大多数父母批评孩子时讲得很具体，赞赏时却很空泛——'不错，很好，很乖'之类，赞美让孩子感到光彩一阵子，很快就消散了。因此，赞美的话要具体。不要说：'你真勇敢。'要说：'你摔倒了还能起来，再骑上自行车，真帅！’要说明白孩子为什么值得赞美。”

罗森勃隆说：“我们的赞美要赞在‘节骨眼’上，因为那才是我们在乎的。”身为父母，孩子在乎哪些事自己应该比较清楚，也许是音乐、运动，或者某一门功课。如果父母不知道，不妨问问孩子。

最后，由于孩子听一次赞美所能吸收的不多，赞美之词要经常说。

**3. 了解“禁忌”**

生活在当今这个复杂的社会中，孩子很小就可能会接触到毒品、酒、性等问题。有些父母视之为禁忌，避而不提。其实应该提。因为，美国的研究人员曾对加州南部五年级和七年级学生进行调查发现，曾与父母坦率讨论这类问题的孩子，吸毒和酗酒的比例比较低。

事实上，由妈妈和孩子谈这些敏感的问题，效果特别好。首先，妈妈自己要熟悉有关问题，不论是毒品、饮酒，还是青少年的性问题，然后问孩子知道多少。六七岁的孩子可能在游乐场中听过一些故事，或者从电视看过一些东西。妈妈要表明谈这个问题为的是要孩子明白其中危险，而非对孩子不信任。要他们知道妈妈乐于解答他们提出的问题，也乐于讨论他们好奇和担心的事。

**4. 设立规矩**

告诉孩子，设立规矩正显示父母认为孩子对自己多么重要。孩子如果逾越规矩，父母要批评孩子的不轨行为，而不是批评孩子本身。

随着孩子成长，限制当然要逐步放宽。儿子特别希望母亲少管。心理学家艾维兰·巴苏夫撰文说，男孩子有一种“内在的轰隆、轰隆声”，他们遇见第一辆玩具车就会引发。他们要冒险，要显示自己的男儿力量，那是很自然的。男孩渐渐成长，管教他们的方式也应改变，妈妈不必觉得孩子与她疏远了，也不要不敢管。凡事还是照规矩来。

**5. 以身作则**

孩子需要德行指引：不仅要在大问题、大原则上灌输是非观念，日常生活中的小事也不可忽略。

有个母亲见到5岁的儿子在骑邻居7岁小朋友的自行车。儿子说："车闲着呢，他上学去了。"孩子认为他的朋友不会计较，也许没有想错。可是母亲坚决要他把自行车放回原处。母亲说："不问自取是不对的。"

妈妈若能注意涉及责任、诚实、忠诚之类的事情，就可为孩子树立人品榜样，让孩子终身受用。最好的道德指引就是妈妈以身作则。如果妈妈是非不分，且自私自利，或者言而无信，她的孩子就会效仿，从而成为一个品行不高的人。

**6. 亲子同乐**

父母因为忙碌，往往只重"要事"，从而会忽视平常的管教，包括指导做家庭作业等。但在亲子活动中，孩子盼望能和父母一起欢乐也是"大事"，而且这不一定花费太多的时间。

史太太准备晚餐时，也允许孩子和别人家的小朋友一起在厨房玩耍，甚至是孩子们玩的玩具、颜料、黏土等有时与食物混在一起她也不管束。多年后，她那念大学的儿子带一个老朋友回家晚餐。那朋友说："伯母，我一直认为到你们家来是最好玩的。我们笑声不断，而且汤里面还有玩具呢！"

做父母不容易，但不应是沉重的负担。有时也需要放下一点规矩、一点矜持，和孩子欢乐戏耍一番。

# 孩子烦恼时需要父母帮助排解

生活经验告诉父母，孩子发脾气、使性子，那一定是遇到了烦心事，但父母想过没有，此时的孩子想的是什么，父母要怎样去应对烦闷中的孩子？

“真烦，临近期末考试了，老师却让我参加元旦演出，这会影响我考试的成绩呀？”女儿一回家就开始抱怨。“这点事就觉得烦了，那妈妈整天既工作又要干家务，也没觉得烦？你这孩子真是的。”妈妈不无讥讽地说。

“你不是让我期末考试保持前三名吗？你以为有那么容易呀？现在再加上元旦演出，我怎么可能考出好成绩呀？”

一想到女儿的考试，妈妈马上转变了语气：“那要不跟老师说说，咱不去参加元旦演出了，你觉得呢？”

“要说你去说，我可不敢！”女儿瞟了妈妈一眼。

“行，行，你这个小祖宗，总是要我这个当妈的替你操劳所有的事！”妈妈无奈地说。

从这个例子中看出，女儿显然是遇到了烦心的事，可妈妈看上去处处替孩子着想，但其实她并没有真正替孩子排解烦恼，而是选择了让孩子用逃避的方式来解决问题。尽管表面上看来，这件事似乎处理好了，但是，妈妈并没有真正了解孩子的真实想法，也并没有真正帮助孩子调节好情绪。

在一般情况下，比如：孩子遇到批评或误解；受到不公正的待遇或老师的不信任，受到同学欺负；不小心闯了祸，如把父母喜欢的东西打碎了；丢了自己心爱的物品等。这些情况都会导致孩子烦恼。

既然烦恼是不可避免的，父母要教给孩子的就是排解烦恼的方法，在这个过程中，父母要鼓励孩子，支持孩子，时刻让孩子感受到父母的关爱和指导，这样，亲子活动才是真正有意义的。

发现孩子有了烦恼，父母不要自认为“小孩子有什么烦恼，都是无所谓的事”，这种不负责任的态度是相当有害的。正确的做法是，疏导孩子的不良情绪，和孩子一起面对烦恼，寻找烦恼的根源以及解决办法，用自己的人生经验为孩子提供解决问题的建议。父母爱孩子就要做到：

**1. 了解孩子的烦恼**

父母不要想当然地认为，孩子每天只有学习，其他事情都不用干，他们会有什么烦恼！其实，由于孩子的心理发育并不成熟，遇到的一点点事情都有可能引发孩子的烦恼。

因此，当孩子向父母表露烦恼的时候，父母一定要重视，然后用同理心去感受孩子的烦恼。比如，“我知道你觉得这件事情很难处理，心里很烦恼是不是？”、“你是不是觉得做不好这件事情，就会被老师责问，因此总是烦躁不安？”

当父母主动表示了解孩子的烦恼时，孩子的烦恼就会大大降低，同时，他们会更有勇气去面对烦恼，解决烦恼。

**2. 不要帮助孩子逃避问题**

大部分的父母在孩子遇到烦恼时，总是习惯性地替孩子想逃避的办法，比如，“要不，咱不做那事了，谁愿做谁做，反正你不做”。

而这些消极的逃避策略并不能解决孩子的烦恼，因为，孩子一旦再次遇到相同的问题，烦恼依然存在。同时，还有可能养成孩子逃避责任的坏习惯。如果孩子学会了“我不管！”、“反正不是我的事！”的做人态度，父母可能要后悔终生了。

**3. 给孩子提供解决方法并鼓励他去克服困难**

良好的教育是要通过引导、启发的方式给孩子提供方法和经验。给孩子提供方法的时候，表达要有技巧。比如，“我觉得，你可以这样……”、“要不，你试试我的方法……”、“你看看我的建议怎样……”

当然，父母不要替孩子做决定，让孩子自己斟酌，然后独自去面对。比如，不管孩子自己愿不愿意做班干部，父母都不要替孩子做决定。父母可以听听孩子的意见，如果孩子很愿意做，父母就应该大力支持他，帮助他做好班干部。如果孩子不愿意做，父母也不要责备他。

**4. 不断关注事情的进展，始终支持孩子**

父母在孩子解决烦恼的过程中，要给予必要的关注，并站在孩子的角度支持他，让孩子感觉到父母的信任和支持，从而让他更有信心和勇气去战胜烦恼。

有一句话叫“授人以鱼，不如授人以渔”，帮助孩子逃避烦恼，不如教孩子怎样排解烦恼，这样，孩子可以感受到父母是帮助自己解除烦恼的坚强后盾，从而增进亲子关系。

## 教孩子学会理财

现在的孩子手里都有一定数额的“压岁钱”以及平常父母给的零花钱，如何花这些“自己”的钱，父母做到即不干预又提出合理的花费方法是很有必要的。

思远上三年级的时候，爸爸对妈妈说：“思远快变成败家子了！每次给他的零花钱都花得干干净净，十元这样，二十元也这样，不剩一毛，用完就伸手要。”妈妈也觉得如果不改正思远的这个习惯，那以后不就真成了败家子了吗？于是他们决定找思远谈一谈。

这天，爸爸给了思远200元钱，对思远说：“这是给你的这一个月的全部零花钱，钱由你自己来管，但是，咱们得提前说好了，你怎么花我们不管，但如果不到月底你就花光了，可不能再来找我们要。”

开始的时候，思远不到半个月就把钱花光了，又伸手向爸爸要。爸爸没有简单地拒绝，而是仔细询问了钱的去向，然后帮助思远一起分析。谈话结束后，爸爸送给思远一个储蓄罐和一个记账本，鼓励思远每天养成记账的习惯，并把每天剩余的钱放进储蓄罐里。

开始几天，思远总是要爸爸提醒才想起来记账，渐渐地，思远不用爸爸提醒了，他每天都会自己对账，在本子上写写画画，嘴里还念叨着什么东西不该买，什么东西买贵了。又一个月过去了，父母发现思远的记账本记得越来越清楚详细，而且储蓄罐里竟然有节余了。思远也自豪地说：“自己管钱也不是那么难嘛！我以后都要自己管钱，这样我就能攒下不少钱了。”

思远父母的做法，很值得我们借鉴。很多时候，孩子之所以花钱没有节制，是因为孩子对金钱没有一个明确的认识，用完就伸手要，父母也是孩子要就给，这样会让孩子形成“没钱了父母会再给”这样的认识，自然不懂得计划节俭了。

有调查显示，我国大中型城市中的孩子，拥有自己可支配的零花钱和春节的压岁钱，总额已达56亿元，数目十分可观。

然而，也有人曾经进行了一次关于“学生小金库”的调查，调查发现，54%的学生家长对孩子的用钱方式是“用完就给”，48%的学生压岁钱全部上交，60%的学生若拿到压岁钱会存入银行，69%的学生对自己零用钱的收支情况不进行记录。从这份调查来看，“会用钱”的孩子并不多。

孩子从小学会花钱，学会理财，对自己未来独立的生活是有好处的。因此父母应该及早对孩子进行财商教育，给孩子适度的经济自主权，让孩子管理自己的零花钱、压岁钱和其他财产，让孩子形成正确的金钱观，训练孩子的经济理性和理财能力。

在生活中，当大人在处理金钱时，孩子往往会充满好奇，有各种各样的疑问。很多父母会回避和孩子谈论金钱，认为孩子还小，不明白。可是培养孩子正确的金钱观对提高孩子的财商至关重要，应是越早越好。

让孩子在很小的时候就对金钱有正确的认识、懂得珍惜和节俭，能让孩子学会理智消费并进行管理、赚钱和投资，这些都将给孩子今后的成长带来积极的影响。因此，家长完全有必要给孩子一定的管钱、花钱、赚钱的机会。

生活中，孩子的零用钱多半是父母给的，目的是满足孩子的一些需要和不时之需。但有些小孩儿会认为父母给零用钱是正常的事，所以最好不要孩子一伸手就给，应该视需求的必要性而定。当孩子有花费需求时，一定要了解这些需求的原因，确定有必要再给，否则孩子若发现要零用钱是容易的事，便会养成挥霍无度的习惯。

让孩子自己管钱，是培养孩子自立的重要一步。父母应该相信孩子有打理好自己生活的能力，让孩子自己管理零花钱，父母只需在一旁进行协助即可。比如，每个月定期一次性给孩子零花钱，让他自己去分配这部分钱，教给孩子一些记账的方法，鼓励孩子坚持记账，养成良好的习惯。开始的时候，孩子可能没几天就把钱花完了，这时父母一定不要急着给孩子钱，而应该和孩子一起讨论，分析钱都花在哪些地方，是不是有必要，以后应该怎样更合理地进行分配等问题。只有让孩子认识到每个月的钱是有限的，孩子才能意识到计划和合理分配的好处。慢慢的，孩子就能达到合理消费，月有结余，养成良好的消费习惯了。

此外，会花钱，也要会赚钱，父母可以有意识地交给孩子一些“生财”

的方法，这也是孩子财商培养的一个重要方面。父母可以以孩子的名义在银行开一个账户，鼓励孩子把钱存入银行；父母可以交给孩子一些赚钱的方法，给孩子提供一些赚钱的机会，比如，让孩子做一些力所能及的家务活，给予适当报酬；或者鼓励孩子找一些兼职，让孩子在挣钱的同时，锻炼自己各方面的能力。父母还可以教给孩子一些金融投资方面的知识，为孩子将来的投资理财打下良好的基础。

## 教会孩子换位思考

在处理人际关系问题上，有专家提出了“同理心”这样的一个心理学概念，它指的是在人际交往的过程中，一个人关注他人的情绪与想法，并理解他人的立场和感受，站在他人的角度思考与处理问题。

现在的孩子大多是独生子女，他们大都独享着父母及其亲人的极致关怀。很多孩子在这样的关怀之下，不知不觉地就养成了自私、无视他人的习惯，遇到问题总是从自我出发。缺乏同理心这是现在的孩子的一个普遍的缺失。而同理心对于人与人之间的交往又是非常重要的。

孩子不能只生活在自己的世界里，他终将要走入社会；孩子也不能总是跟在父母的身边，必须要自己去建立属于自己的社交圈子。而要做到这些，孩子就需要学会换位思考，学会理解他人。因此，从小开始，父母对孩子加强同理心的培养是重要的亲子内容。

1. **父母自己首先要知晓同理心**

培养孩子的同理心，父母自己首先就要有同理心，在对孩子的教育上，父母应该多从孩子的角度去考虑问题。不仅如此，父母与他人相处时，也要能给孩子做出榜样，表现出父母的同理心。

父母要认真思考孩子的行为，并看到他行为背后的心理，站在他的角度去看待问题，并积极考虑他的行为目的，然后根据他的特点、他的能力来更好地教育他。而在对待其他人时，父母要有一种博大的胸怀，要保持同情、无私、客观的态度，尤其是要经常与他人进行换位思考。

其实，人在婴儿时期就已经形成了同理心，如果父母能积极地对其加以引导，并为孩子提供良好的参照模本，那么，孩子的同理心就一定能被培养出来。

**2. 引导孩子学会角色转换**

孩童时期可能还无法理解如何进行换位思考，遇到事情后，孩子的思维往往会直接“从自身出发”。那么，父母就要引导孩子学会角色转换。

小强邀请同学小勇来家里玩，期间，小强总是担当着“指挥者”的角色，不停地命令小勇干这干那。小强自己玩自己最喜欢的游戏，反而让客人小勇帮他拿吃拿喝。后来，小勇觉得很不自在，于是提前回家了。小强一看，认为小勇很自私，他也没了玩的兴致。

妈妈把整个事情都看在了眼里，叫来闷闷不乐的小强，问道：“你觉得心里不舒服吗？”小强点点头：“我叫他来玩，他还不乐意，提前走了。”妈妈平静地说：“我们来设想一下吧，假如小勇请你去他家玩，他指使你做这个做那个，他不让你尽情玩游戏，他将自己喜欢的玩具据为己有，那么你会有什么感觉呢？”小强一听立刻就说：“那怎么行？我当然不高兴了！我一定转身就走！我……”

小强忽然醒悟了，他看见妈妈正笑眯眯地看着自己，忽然想起来刚才自己不就是像妈妈说的那样做的吗？他拍了拍头说：“妈妈，我知道了。以后我不再只想自己了，也要多想想别人是怎么想的。”

很简单的一件小事，妈妈通过引导小强换位思考，让他明白了与人交往时的重要原则。引导孩子学会角色转换，除了这种真实情境之外，父母也可以教孩子在心里转换。比如，在看电视剧、电影、动画片时，遇到某些事情，父母可以提醒孩子想一想“遇到类似情况我该怎么办”、“如果我是他，我会怎么做”等；平时父母也可以做一些这方面的小游戏，将电视、电影中的场景搬到身边，和孩子一起进行角色扮演，以此来引导孩子学会换位思考。

3. **教孩子从其他角度去看待问题**

13 岁前的孩子思维单纯而又率直，看问题时往往只会从自己的角度出发，所以可能考虑不到那么多，也可能只考虑事情好的那方面。而这种简单的思维模式，就会导致孩子无法理解他人的真实意图。所以，父母要教孩子不要将注意力只集中在一点，而是要提醒他多注意观察事物的各个方面，无论是好的、坏的，他都要考虑到。

尤其是在与他人交往时，孩子在考虑到自己的情感的同时，更要多考虑他人的想法。父母要培养孩子细心观察与体会的能力，及时发现他人的真实思想，从而理解他人说话和行为的意图。

当然了，父母虽然要教孩子学会多角度看问题，可这并不代表要孩子时刻都洞察一切，父母要教孩子学会“适当地装糊涂”，让他能灵活掌握这个度。这样一来，孩子才能在理解、尊重的前提下与人和睦相处。

## 任何时候都不要恐吓孩子

应该说多数的孩子都很胆小，所以，在抚养教育孩子时父母应注意到孩子的这一特性，任何时候都不要吓唬孩子，还要帮助孩子消除胆小这一弱点。

媛媛都12岁了，胆子还是很小。她和妈妈一起出门时，遇到了妈妈的同事张阿姨。张阿姨说："这是你的女儿啊？长得真漂亮，叫什么名字啊？"媛媛躲在妈妈身后，连自己的名字都不敢说。妈妈无奈地说："她叫媛媛。媛媛，怎么不叫阿姨？"媛媛在妈妈身后怯怯地叫了声阿姨。

媛媛总是这样，只要见了生人就不敢打招呼，妈妈曾为此说过她多次，甚至批评她说："你这个孩子是怎么回事？为什么见了人不打招呼？这样是很没有礼貌的，你知不知道？"但下次见到生人，媛媛依然如故。

孩子怯懦的性格是天生的吗？难道有些孩子天生就胆大，而有些孩子天生就胆小？事实并非如此，孩子怯懦的性格受多方面因素的影响，并且主要与家庭对他的影响有关。那么，作为父母我们应该如何防止让孩子变得怯懦，又该如何让怯懦的孩子变得勇敢起来呢？在家庭教育中，父母需要注意以下几点。

1. **不要吓唬孩子**

孩子任性起来，常常是父母对他讲道理也不肯听，哄也哄不好。这时，父母常常会使出"杀手锏"——吓唬他。只要妈妈一说："你再哭大灰狼就来把你叼走！"孩子马上就不敢哭了，瞪大了眼睛，惊恐地看着妈妈。孩子总是对妈妈的话深信不疑，他会以为大灰狼真的会把爱哭的孩子叼走，从此他的心里就蒙上一层阴影，总觉得身后有一只大灰狼，随时会出现把自己叼走。

幼儿时期，孩子正处于身体机能迅速发展阶段，一旦受到惊吓，他就会产生巨大的精神压力。长期如此，他的大脑皮质对皮下中枢的调节能力就会下降，导致孩子的内分泌失调，内脏功能紊乱，甚至会引发消化系统的疾病。

即使孩子长大一些，知道大灰狼不会真的把自己叼走，但是他也早已因经常受到恐吓而变得怯懦，这种性格一旦形成，再想要纠正过来并不容易。因此，父母不能经常用大灰狼、鬼神等吓唬孩子，这会让孩子变得胆小、爱幻想、精神紧张，甚至产生幻觉。

除此之外，父母也不能用“你不乖我就不要你了”或者“不听话就把你送人”之类的话威胁孩子。用孩子对父母的依赖性去威胁他，他就会因为怕被抛弃而紧张，担心不知何时就会失去父母，自己就会变成孤儿，也会因此而变得郁郁寡欢和怯懦。因此，父母在教育孩子的时候，一定要慎言，千万不能为了让孩子听话而吓唬他。

2. **别对孩子限制过多**

孩子除了会因为受到恐吓而变得胆小之外，也会因为受到过多的限制而胆小。比如，当孩子想要玩单杠的时候，有的妈妈会说：“别上去，掉下来会摔骨折了。”当孩子想去小区的水池边玩耍时，妈妈又会说：“别靠近，掉下去就有生命危险！”

让孩子懂得保护自己，时刻注意安全是无可厚非的，但是父母一定要注意说话的语气和方式，不能夸张地说那里有多危险、千万不能靠近之类的话。对孩子限制过多，就会在无形中束缚孩子的思维和手脚，孩子会因此而变得唯唯诺诺，哪里也不敢去，什么也不敢尝试。父母应该教给孩子正确做事、安全玩耍的方法，而不是处处限制孩子，这样才能避免让孩子变得怯懦。

3. **了解孩子怕什么**

怯懦的孩子总是说他怕，他到底怕什么？怕黑？怕陌生人？这只是表面的问题。有个妈妈曾经问她的儿子：“你为什么这么怕黑？”儿子说：“我总觉得黑暗的地方藏着可怕的东西。”孩子的恐惧心理多与他的生活经验或者想象力有关系。父母应该去了解一下孩子到底怕什么，然后才能根据情况采取相应的应对措施。

比如，孩子怕黑，父母就应该在他怕黑时拥抱他一下，让他知道父母会在他身边陪伴着他，这样才能让他在黑暗中感受到自己身体的真实存在，确定自己是在真实的世界中，不必去恐惧那些幻想中的可怕事物。

也有的孩子会害怕小动物，这是因为他看到过小动物伤人的事件。针对此类情况，父母可以告诉他，小动物在一般情况下是不会伤害人的，除非它受到了威胁。父母可以先让孩子多观察一下小动物，然后再学着和小动物相处。当然，这里所指的是小狗、小猫之类的普通宠物，对于蜥蜴、毒虫等另类宠物是不可以让孩子接近的。

**4. 鼓励孩子勇敢一点儿**

胆小怯懦的孩子是缺乏自信的，他总觉得自己的力量不够，所以就会怕做错事、说错话。因此，父母应该多鼓励怯懦的孩子，只要发现他在某些方面做得好，就应该及时表扬他。尤其是他有某些勇敢的举动时，更要夸奖他，让他慢慢地战胜胆怯的心理，逐渐变成一个勇敢的孩子。

总之，避免孩子形成怯懦和胆小的性格，父母在孩子小的时候就要注意这方面的教育，让孩子从小就成为一个勇敢和无所畏惧的人。

## 父母要善于为孩子的情绪解套

据专业部门的调查统计：由于现代人生活节奏快、压力大，因此患抑郁症的人呈逐年增多的趋势。抑郁症是心理疾病之一，表现为情绪低落、不喜欢与人接触、回避刺激，很少感到快乐、内心焦虑。患抑郁症的人群中不仅有身负多重压力的中年人，还有许多未成年的孩子。孩子为什么会得这样的心理疾病，他们的内心有什么压力呢?

王兴是独生子，妈妈对他期望很高，从他上幼儿园起就给他报了各种兴趣班。每到周末，妈妈就带着王兴去上英语课、游泳课、书法课。许多人都觉得王兴是个多才多艺的孩子，但王兴却羡慕其他的小朋友可以在周末尽情玩耍。

上了小学后，妈妈更加重视王兴的学习，每天写完作业后，妈妈都会督促他继续学习。每天晚上，王兴都要学到11点才能休息。一开始，他的成绩很好，但一段时间之后，就开始下滑，而且人也变得郁郁寡欢了。妈妈问："儿子，你怎么了？"王兴只是摇摇头，却不说什么。难道他有什么心事？还是受了什么刺激？看着孩子长期如此，妈妈实在是担心，于是带他去看心理医生。医生说，王兴患上了抑郁症。

孩子为什么会患上抑郁症？其实，抑郁是孩子的不良情绪积压过多造成的，不要单纯地把它看做一种疾病。疾病可以通过吃药来治疗，但孩子有不良的情绪需要得到父母的关爱和引导。许多父母在得知自己的孩子患上抑郁症后都会感到恐慌，不知如何面对。其实，父母要做的不是等问题出现后再去恐慌，而是应该平时就多关注孩子的情绪和心理发展，及时发现孩子的问题，引导他走出抑郁，不要让抑郁对孩子的心理造成太大的伤害。

然而，即使孩子患上了抑郁症也没什么可怕，但父母一定要善于为孩子解套：

**1. 了解孩子抑郁的原因**

苏书读六年级，他的成绩一直很好，但最近妈妈却发现他十分不愿上学。每天早晨妈妈叫他起床的时候，即使他睡醒了，也要用被子蒙起头，假装听不见。下午放学后，一写作业他就哭，妈妈却不知怎么安慰他才好。

后来，妈妈带他去看医生，医生说当孩子有强烈的厌学情绪的时候，就要考虑他有抑郁症倾向了。

如果孩子因上学或写作业而有不良情绪，父母就要适当减轻孩子的学习压力，比如不强求他考高分，不在作业之外再给孩子安排学习任务。还可以让孩子养只小动物或者养盆花草，让他以此来缓解内心的紧张情绪。

当然，致使孩子抑郁的原因很多，父母应注意多角度地去分析原因。

**2. 父母首先要有良好的情绪**

孩子的情绪最容易受到父母的影响，当父母有抑郁情绪的时候，在不知不觉中就会把自己的情绪传给孩子。孩子不了解父母抑郁的原因，只是会因此而感到不快乐；而父母在抑郁的时候，也很难理解孩子，往往会因此而误会孩子，造成亲子间的沟通障碍。所以，父母是否能管理好自己的情绪非常重要，父母如果能轻松快乐地生活，及时化解抑郁情绪，孩子就不会轻易患上抑郁症。

**3. 帮孩子打开心结**

孩子抑郁多是因为有打不开的心结，所以，帮孩子打开心结就能改变他的抑郁状况。有人也许会问，怎么才能知道孩子为什么而抑郁呢？这就需要父母时常关注孩子的情绪变化，当发现他情绪消沉、抑郁的时候，要及时跟他沟通，鼓励他说出自己心中的不快。当得知孩子抑郁的原因后，父母要帮助孩子分析导致他情绪低落的事情，引导他调节自己的情绪，纠正他认识上的偏差，帮他尽快从纠结的情绪中走出来。

神情抑郁是一种心理疾病，成人有、孩子也有，对于自己的孩子患上了抑郁症的父母来说无异于是遭遇了晴空霹雳，但这就象我们在上面讲过的那样，只要了解了孩子患抑郁的原因，这个“套”是可以解开的，而要注意的是，每位做父母的不管是自己的孩子有没有抑郁倾向，都要具备一种解“套”的本领。